KB268137

어쨌든
지방의회

어쨌든 지방의회

어느 어공의 지방의회 분투기

이일우 지음

페이퍼로드
paperroad

이일우 작가는,
그리고 이 책은 무엇을 바라보는가

강원국, 『대통령의 글쓰기』 저자

나는 8년 동안 청와대에서 대통령의 말과 문장이 어떻게 제도와 현실을 움직이는지 지켜봤다. 그래서일까. 이 책을 읽으며 가장 먼저 떠오른 것은 이런 질문이다. '지방의회를 아는가?' 대부분은 잘 모른다. 뉴스 헤드라인으로만 접할 뿐이다. 하지만 저자는 그곳에서 9년을 살았다. 도시계획학 석사이자 국가공무원이라는 안온한 신분을 버리고 지방의회로 뛰어든 그는 거기서 무엇을 봤을까.

이 책은 중심이 아닌 가장자리를 바라본다. 늘 평가 절하되고 쉽게 조롱받는 지방의회라는 공간을 향해 조용히 다가가는 책이다. 우리는 흔히 지방의회를 '그들만의 리그' 혹은 '정치의 변두리'로 치부하곤 한다.

하지만 저자는 말한다. 지방의회는 미처 발견하지 못한 '풀꽃'이라고. 자세히 보아야 예쁘고, 오래 보아야 사랑스러운 그 풀꽃들이라고. 그는 그 풀꽃들이 어떻게 흔들리며 피어나는지를 주장하지 않는다. 목소리를 높이지 않는다. 대신 오래 서서 바라본다. 그리고 작은 것들을 놓치지 않고 보여준다. 지방의회가 왜 답답한지, 왜 오해받는지, 왜 때로는 억울한지. 그런 결과로 이 책에는 지방의회의 실상을 넘어 진실이 담겨있다.

이 책의 미덕은 자기반성이다. 저자는 지방의회의 문제

를 말하면서 늘 자기 자리를 먼저 돌아본다. '나 역시 서툴렀다.'고 말한다. 잘못된 관행을 고발하면서도 자신의 허물을 숨기지 않는다. 공직사회에서 이런 고백은 흔치 않다. 지방의회가 바로 서지 않으면 우리의 민주주의는 반쪽짜리다. 저자는 그 반쪽을 채우기 위해 무릎을 꿇었다.

이 책은 단순히 지방의회의 매뉴얼이 아니다. 지방의회를 잘 알고 싶은 사람에게 이 책은 안내서다. 오해하고 있는 사람에게는 해설서다. 그곳에서 일하는 사람에게는 자신을 비춰보는 거울이다. 무엇보다 공공의 일을 하며 사람 때문에 흔들려본 모든 이들에게, 큰 목소리 대신 낮은 시선으로 써 내려간 이 기록은 조용한 위로가 된다.

풀꽃은 화려하지 않다. 이름조차 모르는 경우가 많다. 하지만 계절이 오면 어김없이 피고, 누군가의 발밑에서 조용히 역할을 다한다. 이 책은 풀꽃을 들춰 자랑하지 않는다. 다만 고개를 숙여 바라보게 만든다.

이 책을 읽으면 여러분은 그동안 몰랐던 지방의회의 속

살을 보게 될 것이다. 그 안에서 묵묵히 제 자리를 지키며 서툴지만 열심히, 진심을 다해 피어나는 수많은 '풀꽃' 같은 사람들을 만나게 될 것이다. 그리고 당신이 사는 지역의 의회가 다르게 보일 것이다. 풀꽃은 늘 그렇게, 뒤늦게 눈에 들어온다.

이 책이 널리 읽혀 우리 곁의 풀꽃들이 외롭지 않게 피어날 수 있기를 소망한다.

어쨌든 지방의회

현직 공무원 신분으로 책을 출간하려다 보니 고민이 많았다. 출간할 책이 단순 업무매뉴얼이 아니고 에세이다 보니 인물과 에피소드를 어느 정도까지 공개하는 것이 좋을지 난감했다. 사실 책을 쓰고 싶은 욕망은 지방의회에서 일하기 훨씬 전부터 있었다. 권익위[국민권익위원회] 조사관 근무 9년간 약 3,000건 이상의 민원을 조사하고 상담했는데, 이 과정을 글로 남겨두면 참 좋겠구나 싶었던 순간이 자주 있었다. 규정이나 사실관계를 묻고 답하는 단순 민원도 있었지만, 접수부터 조사와 상담, 내부 검토와 결재 과정까지 눈여겨볼 만한 민원도 적지 않았기 때문이다. 공무원에게는 익숙한 내용일 지언정, 관공서에 민원을 제출할 시민에게는 나름으로 유용할 것 같았다. 전문가로 인정받고 싶은 욕망과 국민의 알권리 보장 같은 사명감 비슷한 무언가가 동시에 들었던 것 같다. 하지만 권익위에서 첫 책 출간 계획은 흐지부지 끝나고 말았다. 담당 업무인 부동산, 재개발·재건축, 각종 개발사업과 같은 주택건축 분야에 워낙 무관심하다 보니 조사나 상담업무 자체가 아무리 좋아도 더 깊이 파고들고 싶은 마음이 도무지 생기질 않았다. 내가 잘하는 일이 무언지를 고민하지 않을 수 없었다.

오랜 고민 끝에 2015년 3월 10일 권익위에서 서대문구의회로 이직했다. 지방의회로 이직한다고 말했을 때 권익위의 선배, 동료 조사관들의 반응은 마치 약속이라도 한 것처럼 비슷했다. 이름만 들어도 알 만한 국무총리실 산하 기관의 국가공무원 신분인데 말도 많고 탈도 많은 지방의회로 왜 옮기려는 건지 이해하기 어렵다는 식이었다. 게다가 승진하면서 옮기는 것도 아니었다. '굳이?'라는 의문이 드는 것은 당연했다. 권익위 선배·동료들의 그런 시큰둥한 반응과 상관없이 나는 즐겁기만 했다. 그동안 말하지 않았을 뿐이지 수년간 국회 보좌진을 꿈꿨고 심지어 마음만은 정도전과 같은 유능한 참모가 되고 싶었으니까. 무식하면 용감하다고 했던가. 흔한 말로 지피지기^{知彼知己}면 백전백승 百戰百勝이라는데 아직 당시의 나는 지피^{知彼}, 지기^{知己} 모두 어설펐다. '헉, 지방의회가 이런 곳이었어?' 의회 경험도 없는데다가 겉보기와 달리 MBTI 성격유형의 대문자 I^{Introversion}에 해당하는 내성적인 내가 전문위원 역할을 잘할 수 있을지 걱정될 정도로 거의 매일 '현타^{현실 자각 타임의 줄임말}'였다.

지방의회, 그중에서도 구의회와 임기제 전문위원의 현실은 지방자치 교과서 내용과 전혀 달랐다. 의회와 집행기관이 서로 대립하며 의회가 집행기관을 견제하고 비판한다는 기관대립형 구조가 아니었다. 대립은 개뿔! 구의회와 구청은 거의 한 몸처럼 완전 기관융합에 가까웠다. 구의원과 사무기구의 행정직 공무원들은 어디로 튈지 모르는 '현실'이자 살아서 꿈틀대는 '현장'이었다. 권익위 때와 마찬가지로 임기제 공무원 신분이었지만 구의회 전문위원의 역할과 책임은 조사관과 사뭇 달랐다. 매번 임시회 때마다 작성해야 하는 안건 검토보고서의 압박감이 가장 컸다. 기존 행정직 전문위원들과 다르게 써야 한다는 부담감이 나를 짓눌렀다. 그렇게 지내다 보면 수십 명의 구의회 공무원 사이에서 나 혼자 '굴러온 돌'과 같다는 생각이 수시로 들곤 했다. 지푸라기라도 잡고 싶은 심정이랄까, 헛헛한 마음을 달래고 싶어 권익위 때부터 좋아하던 저자 강연이나 북토크, 글쓰기 강좌에 자주 참석했다. 누가 등을 떠밀어서 온 것도 아니고 내가 원해서 이직했으니 다른 사람을 원망할 수조차 없었다. 임시회 전까지는 검토보고서를 준비하느라, 임시회 기간 중엔 상임위 회의를 지원하느라, 임시회 이후엔 다시 모르는 분야를 공부하느라 시간이 어떻게 가는지 모르게 계절이 바뀌었다. 나의 일 년 계획은 임시회와 정례회 기간 단위처럼 연간 의사일정에 맞춰졌다. 나무와 숲을 동시에 볼 줄 알아야 전문가라던데 언감생심焉敢生心이었다. 나무에서 숲으로, 다시 나무로 반복해서 오고 가며 권익위 때와 달라진 내 일과 전문성의 의미, 지방의회의 역할과 과제 등을 조금씩 내 목소리로 정리하기 시작했다.

2022년 6월 말 출간한 첫 책《나는 지방의회에서 일한다》는 그런 다람쥐 쳇바퀴 도는 일상의 결과물이다. 첫 책을 출간하고 독자들로부터 분에 넘치게 많은 격려와 찬사를 받았다. 단순 오탈자 지적부터 지방의회의 현장을 알기 쉽게 전달해 줘서 고맙다는 감사 인사도 받았으며 내부자가 쓴 참여관찰 연구라는 칭찬도 들었다. 2024년 9월 말 강원도 원주시의회에서는 사무국 직원 대상 교육이 끝나고 행정직 전문위원들로부터 '공직생활의 큰 전환점이 될 것 같다'라는 과분한 인사를 받았던 순간을 잊을 수 없다. 첫 책처럼 이번 책 역시 집필 과정에서 즐거움과 보람이 한 숟가락이었다면, 나의 무지를 확인하는 순간은 커다란 국자로도 부족할 지경이었다. 개떡같이 말해도 찰떡같이 이해해 주신 독자들께 고마울 따름이다. 《나는 지방의회에서 일한다》를 출간했던 2022년은 1월 13일부터 전부 개정된 「지방자치법」이 시행되던 해였다. 수십 년간 시장·군수·구청장이 행사하던 지방의회 사무기구 직원에 대한 인사권이 의장에게 넘어왔고, 지방의원 2명당 1명씩 정책지원관이 채용되어 의원의 의정활동을 보좌하게 되었다. 욕심 같아서는 이런 지방의회 현장의 변화된 모습을 첫 책에 자세하게 담고 싶었지만 이미 출판사와 약속한 출간 예정일이 코앞이었다. 결국 아쉽게도 30년 만에 전부 개정된 「지방자치법」으로 인한 기초의회의 현실을 담지 못했다. 첫 책 출간 후 아쉬웠던 점은 더 있다. 워낙 시민들에게 오해와 편견으로 저평가된 지방의회의원의 활동을 알리려다 보니

　어쨌든 지방의회

책의 컨셉이 건조한 정보 전달에 치우쳤다는 점이다. 출간 기획안을 준비할 때만 해도 소소하게 지방의회에서 겪은 경험을 보여주고 싶었지만 실제 집필을 시작하자, '너무 딱딱하고 공무원스러운 것 아닌가'하는 염려가 들 정도였다. 내 마음대로 작업이 진행되지 않았다. 기회가 있다면 두 번째 책은 지방의회 인사권 독립 전과 후의 모습을 에세이 형식으로 써보겠다고 마음먹었다.

그러던 중 계획에 없던 변화가 생겼다. 누적된 건강상의 문제로 2023년 2월 서울시의회를 사직하였고 자의 반 타의 반 1년 6개월 동안 '셀프 안식년'을 보낸 것이다. 18년 공직생활 중 처음으로 장기간 출퇴근 굴레에서 해방됐다. 어차피 부양가족은 아내가 전부이고 자동차도 없으며 고가의 취미를 즐기는 것도 아니니 설마 굶기야 하겠냐는 핑계로 과감하게 구직활동도 접었다. 셀프 안식년의 처음 몇 개월은 자고 싶을 때 자고, 먹고 싶을 때 먹고, 가고 싶을 때 언제든 떠날 수 있는 자체가 마냥 좋았다. 긴 휴가를 내기 어려워 신혼여행을 경주로 다녀온 터라 아내와 처음으로 외국에 다녀온 이탈리아 여행은 꿀맛 같았다. '열심히 일한 자, 떠나라'라는 광고 문구를 몰랐다면 나는 아마 죄책감에 짓눌렸을지도 모른다.

　셀프 안식년 동안 몸과 마음이 이끄는 대로 지내다 보니 시간은 속절없이 흘러갔다. 그러는 동안 지방의회 몇 곳과 대전시인재개발원, 지방자치인재개발원 등에서 "지방의회의 이해와 역량 강화" 관련 강의를 간간이 했다. 자연스레 임기제 공무원 경험과 지난 8년 간의 전문위원 생활을 찬찬히 돌아볼 기회가 많았다.

　이미 말했듯이 2006년 7월부터 권익위 조사관으로 일하다가 2015년 3월 서대문구의회 전문위원으로 이직했다. 이후 2020년 7월부터 2022년 3월까지 도봉구의회 전문위원으로 일했으며, 광역의회를 경험하고 싶어 서울시의회 전문위원으로 일하다가 2023년 2월 사직하고 셀프 안식년을 지냈다. 쉬는 동안 주로 행정직 공무원인 소위 '늘공늘 공무원'과 나 같은 임기제 신분의 '어공어쩌다 공무원'을 다른 관점에서 생각해 볼 수 있었다. 재직 중에는 철저히 성과에 기반해 사람을 재단했다면 이제는 성과 외에도 타자와의 관계를 중심으로 내 언행과 처신을 곱씹어 본 것이다. 정지우

작가의 《사람을 남기는 사람》의 부제 '삶을 재구성하는 관계의 법칙'처럼 관계를 중심으로 임기제 전문위원 생활을 재구성해 본 셈이다. 슬슬 생계에 관한 불안감이 스멀스멀 올라오던 2024년 9월 운 좋게 서울시 동작구의회 임기제 5급 전문위원으로 임용됐다. 오랜 공백 끝에 다시 일하게 된 구의회 전문위원 업무는 내 삶에 있어서 그 의미가 각별했다. 농담 반 진담 반으로 가까운 지인에게 자주 하는 말이 있다. 동작구의회 전과 후로 나의 임기제 전문위원 경력을 〈시즌1〉과 〈시즌2〉로 나눌 수 있다는 것. 〈시즌1〉이 주로 지방의회에 관한 '고지식한' 신념으로 좌충우돌했던 시기라면 〈시즌2〉에 비로소 신념 외에 '사람'에 주목하기 시작했다고 말이다. 별것 아닌 것 같아도 집행기관, 늘공과의 관계에서 적대적이기만 했던 태도가 조금 더 포용적으로 달라졌다. 나로선 크나큰 인식의 변화가 아닐 수 없다. 당연한 말이지만 사람은 모두 다르고 그 생각도 각양각색이다. 전문위원의 본래 역할에 충실하되 늘공 동료들과 원만히 지내자고 다짐했다. 동작구의회 전문위원 채용 면접시험 때 조직생활에서 무엇이 가장 중요하냐는 면접위원의 질문에 나는 《논어》의 '화이부동和而不同'이라고 답변했을 정도였다.

약 1년 6개월 만에 구의회에서 일하다 보니 문득 그동안 미뤄둔 두 번째 책을 쓰고 싶어졌다. 지방의회와 관련된 단편적인 지식은 첫 책에서 얼추 쏟아냈다고 생각했는데, 신기하게도 더 하고 싶은 말이 생겼다. 첫 책에서는 주로 구의회의 법적 권한이나 역할과 같은 '숲'을 설명했다면 이번엔 구의회에서 부대끼며 느낀 에피소드인 '나무'를 말하고 싶어졌다. 사실 책을 쓰고 싶은 이유를 뭐라고 하든 첫 책과 마찬가지로 더 많은 주민들이 지방의회를 친숙하게 느끼고 관심을 갖게 하고 싶은 마음이 우선이다.

성철 스님의 저서로 유명해진 말씀이 있다. '산은 산이요 물은 물이로다, 산은 산이 아니요 물은 물이 아니로다, 산은 산이요 물은 물이로다'라고 했던가. 그간 오래 보아온 내게 지방의회의 이모저모가 달리 보였듯이 많은 주민과 독자들이 지방의회를 전과 다르게 바라보는데 이 책이 조금이나마 도움이 되길 바란다.

더도 덜도 말고 전국의 지방의회가 지방자치 관계 법

령대로만 제 역할을 해주면 좋겠다. 해외의 선진 민주주의 국가 사례에서 알 수 있듯이 대통령과 국회의원, 시장·군수·구청장이 있어도 정작 지방의회가 바로 서지 않으면 대한민국의 지방자치는 반쪽짜리에 불과하기 때문이다. 더 이상 무슨 말이 더 필요할까. 어쨌든, 지방의회다.

목차

추천사　　강원국 작가 • 4

프롤로그　　어쨌든 지방의회 • 8

1. 가방끈 • 21

2. 나의 지방의회 실수담 • 29

3. 프로와 아마추어 • 45

4. 인식의 오류 • 57

5. 지방의회의원은 억울하다 • 65

6. 결론이 빨리 날수록 좋은 회의일까? • 71

7. 지방의회 회의의 질을 높이는 손쉬운 방법 • 81

8. 열심히 일한 지방의원만, 떠나라! • 87

9. 故 송해와 상임위원장 • 93

10. 뒷담화 • 99

11. 8할이 불안 • 107

12. 누가 나의 이웃인가 • 115

13. 불가근불가원不可近不可遠 • 123

14. 지방의회 인사권 독립 전前 · 후後 • 129

15. 공무원스럽다 • 137

16. 수포자 전문위원이 예산안을 분석하는 방법 • 147

17. 판사는 판결문으로, 지방의회 전문위원은 검토보고서로 말한다 • 157

18. 넌 가끔가다 지방의회 생각을 하지 난 가끔가다 딴 생각을 해 • 165

19. 대나무 숲 • 175

20. 메모는 나의 힘 • 181

21. 배가 산으로 간 행정과 버킷리스트 • 191

에필로그　지방의회는 풀꽃입니다 • 195

가방끈

"전문위원님, 이 많은 자료를 어떻게 봐야 할지 하나도 모르겠어요. 답답하네요."

"아직 익숙하지 않아서 너무 힘드시죠? 이렇게 저렇게 하시면……"

내 설명을 듣던 A 의원의 눈가에 어느새 이슬이 맺혔다. 상임위 회의장에는 어색한 침묵만 가득했다. 첫 티타임 자리였던 터라 나 역시 당황스럽긴 마찬가지였다. 이 여성 구의원은 왜 초면에 가까운 전문위원 앞에서 눈물을 흘렸을까.

그날은 구의원의 4년 임기를 시작하고 맞이한 세 번째 임시회 기간의 끝 무렵이었다. 상임위 회의가 끝나고 회의장을 정리하던 나는 시무룩하게 앉아 있던 A 의원에게 차를 마시겠냐고 조심스럽게 말을 건넸다. 상임위 회의 내내 별다른 발언도 없었고 표정이 어두워 보였기 때문이다. 우리는 상임위 회의장 한편에 마주 앉았다. 상임위에 상정된 안건의 쟁점부터 구정질문 준비요령, 민원처리 절차까지 A 의원의 질문이 의정활동 전반으로 이어졌다.

지난 9년간 전문위원으로 일하면서 A 의원처럼 원내 의정활동을 어떻게 해야 할지 몰라 걱정하는 구의원을 많이 만났다. 여기서 '원내 의정활동'이란 의회 안에서 각종 안건을 심사하거나 상임위나 본회의에서 발언하는 것을 말한다. 외유성 해외연수만 다니는 불량스러운 지방의회의원만 있는 줄로 안다면 지방의회에 관한 큰 오해이다. 언론에서 단골로 나오는 천박하고 수준 미달인 지방의회의원도 더러 있지만 국회나 정당에서 다져진 오랜 경험으로 원내 의정활동에 진심인 노련한 지방의회의원도 적지 않다. 종이컵에 담긴 커피가 차갑게 식어갈수록 A 의원의 질문은 점점 더 뜨거워졌다. 동시에 A 의원의 표정은 어딘가 불편한 기색이 역력했다.

　어쨌든 지방의회

"의원님, 초선의원일수록 원내 의정활동을 낯설고 어려워하세요. 너무 겁먹지 마시고요. 제가 1년쯤 검정고시학원에서 영어과목 강사를 한 적도 있거든요. 언제든 편하게 물어보세요."

내 말이 끝나자마자 A 의원의 표정이 갑자기 보름달처럼 환해졌다.

"아, 검정고시학원이요? 정말이요? 실은, 저 이거 다른 의원들한테도 아직 말하지 못한 건데, 저 검정고시로 중학교 과정을 마쳤어요. 정당 활동한 지는 십 년이 넘었지만, 집에서 살림만 해봐서 모르는 게 많네요……. 전문위원님한테 별 얘기를 다 하네……."

그러면서 A 의원은 순식간에 한편의 '인간극장'을 펼쳐놓았다. 20대 때 강원도 산골에서 서울로 상경한 얘기며 우연히 사업하는 남편을 만나 아이를 낳고 키운 얘기, 이제는 손주를 돌보는 할머니가 된 과정까지 A 의원의 말은 빠르게 이어졌다. 말하는 중간중간 A 의원의 눈은 빨갛게 충혈

됐고 빈 종이컵은 A 의원의 한숨과 눈물로 채워지고 있었다. 그러면서 '학력 콤플렉스였겠구나. 이분이 다른 초선의원보다 원내 의정활동에 유난히 자신이 없었던 이유가.'라고 나는 생각했다. 검정고시학원 강사 시절 주경야독하는 학생들을 드물지 않게 만났다. 비인가 대안학교를 졸업하는 바람에 학력 인정을 받으러 온 수줍은 10대 소녀도 있었지만, 노래방 사장으로 일하면서 낮에는 중졸 검정고시 과정에 다닌 160센티미터쯤의 키에 머리숱이 적었던 아저씨, 옷 가게 점원이면서 대학생을 꿈꾸던 20대 중반의 발랄한 아가씨도 있었다. 가장 인상에 남은 학생은 의사인 남편한테 중졸 학력을 속이고 고졸 검정고시반에 다니던 어느 중년 여성이다. 삼삼오오 친한 학생들과 검정고시를 시작한 계기를 애기하는 자리였다. 자존심 때문에 검정고시학원에 다니는 것조차 남편한테 말하지 못했다며 연신 눈물을 닦던 그 50대 여성 앞에서 30대 초반 미혼이었던 나는 어쩔 줄을 몰랐다.

물론 원내 의정활동에 관한 고민은 초선의원만 하는 건 아니다. 재선, 삼선 구의원 중에도 조례안, 예산안, 결산안 심사를 앞두고 자료를 어떻게 분석하고 질의할지 몰라 끙 끙 앓는 이들이 적지 않았다. 박사과정을 수료한 초선 여성 구의원, 석사 졸업 학력의 50대 남성 초선 구의원도 비슷한 고민을 토로한 적이 있다. 표현하느냐 않느냐의 차이만 있을 뿐이었다. 상대적으로 서울시의원은 그런 모습이 적었다. 100명이 넘는 서울시의원 모두를 조사해 본 것은 아니지만 다선 구의원 출신이 워낙 많다 보니 원내 의정활동에 이미 익숙해서 그랬을 수도 있다. 무엇보다도 기초의회에 비해 광역의회 정책지원 인력의 질과 양이 월등히 좋기 때문이라고 나는 생각한다. 대한민국의 선출직 정치인은 대통령부터 시·군·구의원까지 다양한데 왜 유독 시·군·구의원이 원내 의정활동의 어려움을 호소할까? 필자의 경험상 원내 의정활동을 잘할 수 있는 능력 있는 인재라 하더라도 지역구 국회의원의 눈에 들지 않으면, 결코 기초의원으로 공천되지 못하는 현실이 가장 심각한 문제이다. 우여곡절 끝에 공천을 받아 당선되어도 기초의원의 원내 의정활동을 지원하는 정책보좌 인력의 부족도 중요한 문제이다.

첫 티타임 이후 곧바로 시작한 A 의원과 일대일 과외는 내가 다른 의회로 이직할 때까지 이어졌다. 워낙 삐딱하게 보는 눈이 많다 보니 과외는 의회 주변 커피숍에서 거의 매주 1회씩 2시간 내외 정도로 진행했다. 구정질문 원고나 5분 발언 원고 작성과 리허설, 안건의 쟁점에 대한 설명과 질의 요령까지 원내 의정활동 전반을 다뤘다.

과외비라 해봤자 매번 커피값과 밥값을 A 의원이 부담하는 정도였다. 하지만 전문위원으로 일하면서 잊을 수 없는 기억이었다. 서울시의회와 달리 보좌인력이 워낙 부족해 개인기에만 의존하는 구의원을 개별적으로 도우면서 그 변화를 지켜볼 수 있었기 때문이다. 임기 초반의 우려와 다르게 학습 능력과 열의를 갖춘 A 의원의 원내 의정활동은 임기 중반쯤엔 관록 있는 다른 의원들과 비교해도 손색이 없을 정도였다.

도대체 가방끈이 뭐길래. 흥미로운 점은 스스로 학력이 변변치 않다고 여기는 의원일수록 열등감에 빠져 필요 이상으로 위축되어 안타깝다면 반대로 중년의 나이에 내세울 만한 성취가 공천받은 것과 박사 학위뿐인 것처럼 보이는 의원도 봤다. 요란한 빈 수레 같았다. 가방끈은 가방을 이루는 주요 요소이지만 결코 가방 전체를 대신할 순 없다.

핵심은 '가방끈'이 길든 짧든 서울시의회든 구의회든 누

구나 선출직 의원으로서 주민들을 위해 일하고 싶을 때 원
내 의정활동이 불편하지 않아야 한다는 점이다.

나의 지방의회 실수담[*]

“전문위원님, 좌석 배치를 그렇게 하면 안 돼요.”

“국장님, 의장님과 운영위원장님도 허락하셨습니다.”

“아니, 정말로 그렇게 할 거예요?”

“네……”

휴대전화기 너머 의회사무국장 S의 목소리에는 짜증이 섞여 있었다. 2019년 12월 말 A 구의회는 임시청사에서 신청사로 이사를 앞두고 있었다. 정식 입주를 앞두고 신청사의 전문위원실 좌석을 마음대로 배치했다는 얘기를 전해 들은 의회사무국장 S는 그게 잘못됐다며 두 번이나 전화를 걸었고 나는 정중히 거절했다. 일을 저지르고 말았

---

* 2024. 3. 13. 필자가 작성한 오마이뉴스 기사 “책상 위치 때문에… 조직의 ‘역린’을 건드렸다”를 일부 수정·보완한 것임

다. 6급 별정직 전문위원이었던 나는 왜 두 계급이나 높은 상관의 좌석 재배치 요구를 거절했을까? 이제 와서 돌이켜 보면 당시 내 행동은 '이불킥'을 할 만했다. 위법하진 않았지만 그렇다고 공직사회에서 그냥 지나칠 만한 일은 아니었기 때문이다. 그 일이 있고 수개월 후 나는 5년간 일한 곳을 떠나 B 구의회 임기제 5급 전문위원으로 이직했다.

나는 왜 별것도 아닌 사무실 좌석 배치에 연연해했을까? 그깟 좌석 배치가 뭐라고. 짧게 변명하자면 찻잔 속 태풍일지언정 행정관료 위주의 판을 흔들어 보고 싶었다. 신청사에는 의회사무국 사무실이 1층에 있고 개별 의원실과 전문위원실은 3층에 마련됐다. 신청사 입주 며칠 전 임기제인 동료 직원과 전문위원실을 둘러보던 나는 책상을 어떻게 배치할지 가장 먼저 고민됐다. 전문위원실 좌석 배치는 전문위원실 구성원들이 협의하면 될 뿐이지 윗선의 결재를 받을 사항은 아니다. 지극히 사소한 일이니까. 당시 의회사무국의 정원은 32명. 그중 전문위원실에는 5급 행정직 전문위원과 5급 임기제 전문위원이 모두 공석이었으므로 구성원은 6급 별정직 전문위원인 나와 6급 임기제 입법지원관, 7급 행정직 주임 2명이 전부였다. 신청사 입주 시점이 2019년 12월 말이고 2020년 1월 초중순이면 공무원 정기 인사발령에 따라 구청에서 구의회 사무국으로 5급 행정직 전문위원이 올 예정이었으며, 5급 임기제 전문위원은 채용 절차가 한참 진행 중이었다.

관행대로 직급이 가장 높은 5급 전문위원 2명의 좌석을 출입구에서 가장 멀게 배치하고, 차례차례 나와 임기제 입법지원관의 좌석을 둘 것인가 아니면 '의회만의 기준'으로 좌석을 새롭게 배치할 것인가가 내겐 고민이었다. 여기서 '의회만의 기준'이란 구청이 아니라 의회에서 채용돼 오래 근무한 직원을 우대하는 것을 말한다. 나는 후자를 선택했다. 상대적으로 의회에서 가장 오래 근무했고 의원들의 인정을 많이 받았던 내가 가장 안쪽에 앉고 그다음 좌석부터 차례대로 5급 행정직 전문위원, 5급 임기제 전문위원, 6급 임기제 입법지원관 순으로 배치한 것이다. S 국장이 발끈했던 이유다. 6급이 감히 가장 상석에 앉은 셈이니까. 철저한 계급사회인 관료조직에서 이런 좌석 배치는 그야말로 충격적인 일이라는 것을 충분히 알고 있었지만 그대로 밀

어붙였다. 의회를 중심에 놓고 일한다는 전문위원실의 의지를 그렇게라도 강조하고 싶었다. 조직의 당연한 반발을 예상해 가장 먼저 의장과 운영위원장을 따로따로 만나 좌석 배치 계획을 설명하고 흔쾌히 허락을 받았다. 행정직 공무원들의 욕을 먹을 게 분명한데 무슨 부귀영화를 보겠다고 나는 상석에 앉으려 했을까. 그렇게라도 하지 않으면 기존 행정직 전문위원들에 대한 나의 분노가 해결되지 않을 것 같아서였다. 당시 내 행동에 대해 직원 대부분은 부정적이었지만 의원 다수는 적극 동의했다. 하지만 이 좌석 배치는 필자가 다른 구의회로 이직하자마자 고참인 5급 행정직 전문위원이 가장 안쪽 책상에 앉는 식으로 즉시 원상 복귀됐다. 17년의 임기제 공무원 경력 중에 처음 해본 '또라이 짓'은 그렇게 삼일천하三日天下로 끝났다.

9년 가까운 시간 동안 지방의회에서 행정직 전문위원 12명 이상과 한 사무실에서 근무했다. 지방의회의 인사권이 독립된 후 사정은 많이 나아졌지만 2020년 당시만 해도 구의회 전문위원은 그냥 쉬어가는 자리였다. 주로 퇴직을 1~2년 앞두고 국장 승진에 욕심이 없거나 불가능한 과장,

이런저런 이유로 조직에서 밀려난 과장이 마치 유배지처럼 오는 곳이었다. 당연히 업무에 관심이나 열의가 있을 리가 없었다. 지방의회의 인사권이 독립되기 전까진 이런 인사 관행은 상식이었다. 압도적인 집행기관 우위의 구도를 보여주는 구청 간부와 구의원의 합작품인 셈이다. 나는 의회 신청사 입주를 앞두고 '새 술은 새 부대에'라는 성경 말씀처럼 이제는 전문위원실이 구청에 휘둘리지 않고 철저히 의회 입장에서 일하겠다는 것을 집행기관에 보여주고 싶었다.

관료조직의 보수적인 서열문화는 익히 알고 있었다. '계급이 깡패이고 억울하면 출세하라'는 말처럼 조직에서 직급은 권한과 책임의 크기다. 부서에서 가장 높은 직급인 과장이 출입문에서 먼 사무실 가장 안쪽에 자리를 잡으면 팀장은 창문을 등진 채 책상을 두고 팀원들은 그 책상을 기준으로 서로 마주 보게 책상을 배치하는 식이다. 전국 지자체 어떤 부서에 가든 그곳에서 가장 높은 사람이 누구인지 책상 배치만 보고도 금방 맞힐 수 있을 정도다. 나는 이런 책상 배치 관행이 못마땅했다. 실제 업무능력과 별로 상관이 없이 권위주의적으로 보였기 때문이다. 최소한 전문위원 실은 흔한 관료조직과 다르게 의회만의 고유한 기준을 적용하길 바랐다. 하지만 조직문화는 나 혼자 바꾸고 싶다고 해서 쉽게 바꿀 수 있는 것이 아니었다. 오히려 전문위원실 책상 배치 과정에서 소위 관료조직의 '역린逆鱗'을 건드린 형국이 됐다. 넘지 말아야 할 선을 넘은 것이다. 내 편인 줄 알았던 의원 중에는 행정직 공무원들의 말을 그대로 옮기며 일방적으로 나를 훈계하는 분도 계셨다. 사면초가四面楚歌가 따로 없었다. 나는 우울증에 시달렸고, 극복하는 데 생각보다 많은 시간이 필요했다.

이뿐만이 아니다. 돌아보면 2015년 이직 후 지방의회에서 어이없는 실수를 참 많이 했다. 상임위 회의 중 무심코 팔짱을 끼고 의원의 질의를 듣다가 회의가 끝나고 의회사무국 직원한테 지적받은 일, 의장실 소파를 덮은 치렁치렁한 헝겊에 발이 걸려 의장이 지켜보는 앞에서 바닥에 벌러덩 자빠진 일은 지금 생각해도 실소가 나온다. 조직의 불문율을 어겨서 곤혹스러웠던 적도 있다. 어느 날 B 구의회로 발령이 난 지 한 달쯤 지난 사무국장 L이 나를 찾았다. 서둘

　　　　　　　　　　　　어쨌든 지방의회

러서 사무국장실로 들어가 소파에 앉았다. 사무국장 L은 구청의 과장일 때부터 여러 차례 업무상으로 대면했던 터라 낯익었다. 목소리의 톤은 카랑카랑해서 나보다 몇 음정쯤 높은 깡마른 여성 공무원이었다. 내가 소파에 마주 앉자마자 단발머리의 L 사무국장은 본론으로 들어갔다.

"전문위원님, 어떻게 나를 무시할 수 있어요?"
"네?"

공이 울리자마자 갑자기 라이트 훅을 맞은 사람처럼 나는 어안이 벙벙했다. 아무리 의회마인드로 일한다지만 어찌 상관을 대놓고 무시할까. 내가 그럴 리 없다고 말하자 국장의 구체적인 지적이 이어졌다.

"출장, 조퇴할 때 어떻게 전자결재만 딱 올려놓고 나한텐 말 한마디 없으세요? 그게 나를 무시하는 거지 뭐예요?"

L 국장이 갑자기 소리를 빽 질렀다. '아니, 그게 왜 잘못이지?'라는 생각만 머릿속을 빙글빙글 돌았다. 뭘 잘못했

는지 도통 감을 잡을 수가 없으니, 머릿속만 복잡했다. '복무 결재도 없이 무단으로 출장이나 조퇴한 것도 아니고 단지 직접 구두보고를 하지 않았다고 해서 자신을 무시했다며 발끈한다고? 이게 그럴 일인가? 집행기관 과장일 때 나한테 서운한 게 많아서 이런 식으로 기선제압이라도 하고 싶은 건가?' 나는 애써 정신을 가다듬으려고 노력했다. 공무원 생활을 처음 하는 것도 아니고 권익위나 다른 구의회에서 지금과 똑같이 했어도 아무도 내게 뭐라 한 적이 없었다. 그러나 L 국장의 상기된 감정은 가라앉을 기미가 보이지 않았고 급기야 난생처음 이상한 말을 듣고 말았다.

"이일우 전문위원은 기본도 모르는 사람이예요!"

졸지에 나는 기본도 모르는 사람이 되어 버렸다. 당시 L 국장이 말하는 '기본'이 정확히 무엇인지 지금도 잘 모른다. 조직생활에서 아랫사람의 예의, 처세 뭐 그런 것이라고 짐작할 뿐이다. 본인은 기본을 잘 알아서 다른 과장들보다 일찍 국장으로 승진했다는 자부심의 표현일까. 한바탕 호통의 따발총을 맞은 나는 만신창이가 되어 국장실을 나왔

 어쨌든 지방의회

다. 내가 뭘 잘못한 거지?

　우습게도 이 궁금증은 몇 개월 후 내가 서울시의회로 이직하고 나서 풀렸다. 당시 서울시의회의 각 상임위 전문위원실은 의안팀과 의사팀으로 구분되어 있었다. 입법조사관들로 구성된 의안팀이 안건 검토를 위주로 한다면 의사팀은 회의시나리오부터 후생복지와 서무업무까지 지원업무를 담당한다. 구의회 전문위원은 결재권도 없고 관리할 직원도 없다. 반면 서울시의회의 상임위 전문위원은 의안팀장 역할을 맡아서 결재권이 있다. 시의회 수석전문위원이 상임위의 과장이라면 전문위원은 입법조사관 5~6명을 이끄는 중간관리자이자 의안팀장의 역할과 책임이 있다. 그래서 팀원인 입법조사관들의 각종 복무 결재를 전문위원이 직접 한다. 구의회 전문위원 7년 동안 한 번도 경험해 보지 못한 상황이었다. 업무 시간 중에 수시로 입법조사관이 내 자리로 와서 다음날 휴가를 내겠다거나 오후에 조퇴하고 싶다거나 하는 말을 할 땐 처음엔 뭐라고 반응해야할지 몰랐다. 전자결재로 상신하기 전에 미리 결재권자인 내게 직접 구두로 언질을 주고 결재 절차를 진행하는 것이 그들에겐 관행이었다. 막상 그렇게 결재권자가 되고 보니 L

사무국장이 대뜸 화를 냈던 일이 조금은 이해됐다. 전자결재와 별개로 미리 구두로 보고하는 것이 규정에 나와 있는 것은 아니지만 아랫사람이 따로 와서 미리 말해주는 것이 상사로서 기분 나쁜 일도 아니니까. 결국 난 그 구의회에서 불문율을 눈치 없이 어긴 셈이었다.

물론 나도 할 말은 많다. 처음 구의회로 이직했을 때만 해도 의회 전문위원은 집행기관 직원은 물론이고 의회사무국의 행정직 공무원들과도 가깝게 지내면 큰일이라도 나는 줄 알았다. 지금 생각해 보면 너무 지나쳤다 싶을 정도로 고지식했다. 당시는 의회의 인사권이 독립되기 전이었고 의회사무국을 구청의 산하 조직처럼 여기던 때여서 의회마인드로 무장한(?) 나로선 훨씬 예민할 수밖에. 특별한 용무가 없다면 가급적 사무국장과 마주치지 않으려고 했다. 출장, 휴가 등의 복무도 온라인 결재를 위주로 받았다.

L 사무국장과의 일은 오해였고 해프닝이었다. 동작구의회에 임용된 후부터는 나도 전자결재로 휴가를 올리기 전에 사무국장에게 구두로 먼저 보고한다. 막상 해보니 크게 어려운 일도 아닌 데다 덜 사무적인 것 같아서 좋다. 아무튼 기본을 강조하며 승승장구하던 L 국장은 3선의 구청장

임기 후 퇴직하나 싶더니, 다른 정당의 구청장이 취임하고 곧바로 정책실장으로 복귀하여 후배 공무원들과 의원들을 깜짝 놀라게 했다.

《주역의 눈》의 저자 이선경은 『주역』을 공부하는 목적이 "지금 이 시간과 공간에서 내가 나의 주인이 되는 힘을 기르는 것"이라고 강조한다. 감정에 휘둘리지 않고, 자신을 함부로 대하지 않고 잘 아끼고 사랑하는 힘을 기르는 게 '역의 사유'이자 『주역』의 핵심이라는 것이다.

나는 셀프 안식년 동안 소위 백수로 지내면서 이 『주역』의 관점에서 임기제 전문위원 생활을 진지하게 돌아볼 기회가 많았다. 공자는 《논어》에서 "군자는 화이부동和而不同하고 소인은 동이불화同而不和한다"고 했다. 다른 사람과 생각을 같이하지는 않지만 이들과 화목할 수 있는 군자의 세계를, 밖으로는 같은 생각을 가진 것처럼 보이나 실은 화목하지 못하는 소인의 세계와 대비시켜 군자의 철학을 인간이 추구해야 할 덕목이라고 공자는 주장했다. 물론 화이부동은 쉽지 않은 경지이다. 단순히 좋은 게 좋다는 식의 현실 타협이나 기회주의는 더더욱 아니다. '부드러운 직선'처럼 형용모순으로 들리지만 그만큼 내적으로 높은 경지가 아닐 수 없다. 따지고 보면 늘공을 인간적으로 이해 못 할 것도 아니다. 지방의회가 무시당하고 외면받는 것이 어디 공무원들만의 잘못이겠는가. 원내 의정활동에 무능한 사람을 공천한 전·현직 국회의원과 정당의 공천시스템에 가장 큰 책임이 있지 않은가.

2024년 여름 어느 날, 집 근처 횡단보도를 건너다 도로 건너편에 서 있던 S 국장과 우연히 마주쳤다. 전문위원실 좌석 배치 소동 이후 내가 2020년 6월 B 구의회를 떠나고 나서 처음 봤지만 금방 알아볼 수 있었다. 어색함을 무릅쓰고 그에게 먼저 다가가 인사를 건넸다. '안녕하세요? 국장님. 저 이일우 전문위원입니다.' 그는 내 얼굴을 1~2초쯤 보다가 웃는 낯으로 인사했다. '아, 예……' 예전보다 조금 야위어 보이는 그와 짧게 몇 마디 안부를 주고받았다. 1년 전쯤 퇴직했고 주로 대중교통을 이용해 걸어 다니다 보니 살이 많이 빠졌다고 했다. 나는 문득 뻔한 얘기 말고 마음 속에 담아두었던 감정을 툭 하고 꺼내놓고 싶었다. '저, 국장님. 그때 죄송했습니다. 전문위원실 좌석배치 건이요. 제

　　　　　　　　　　　　어쨌든 지방의회

가 좀 서툴렀어요.' 그러자 그는 정색하며 손사래를 쳤다. '아이고, 뭘 그런 걸 가지고. 다 이해합니다. 그땐 어쩔 수 없었죠……' 채 10분도 안 되는 순간이었고 우연한 길거리 만남이었지만 난 S 국장에게 지난날의 무례를 진심으로 사과했다.

가끔은 대학원 석사 졸업을 앞두고 지도교수님께서 해주신 말씀이 떠오른다. "이군, 권익위든 어디든 사회에 나가면 인사를 잘하는 사람이 되게." 졸업과 취업을 앞둔 제자에게 멋있는 조언이나 덕담을 기대했던 나는 맥이 풀리는 기분이었다. 이렇게 당연한 말씀을 왜 하시나, 내가 그동안 인사를 안 해서 서운하셨나……. 의아했던 내 표정과 상관없이 지도교수님은 진지하셨던 것으로 기억한다. 의례적인 조언으로 여기고 그 말씀을 한참 동안 잊고 지냈다. 불현듯 그 가르침이 생각난 것은 지방의회로 이직하고 크고 작은 시행착오를 겪은 후였다. 지도교수님이 당부하셨던 '인사'는 곧 사람에 대한 예의를 지키라는 뜻임을 뒤늦게 깨달았다. 글자 그대로 인사도 잘해야겠지만 사람에 대한 매너, 태도를 겸손하게 잘 가꾸라는 가르침이었음을 나

의 어공 전문위원 시즌2인 동작구의회에서 비로소 확신하
게 됐다.

두 번째 책을 쓰기로 마음 먹은 후에 우연히 신문 칼럼
을 읽다가 무릎을 친 적이 있다. 글항아리 출판사 강성민
대표의 글인데 셀프 안식년을 보낸 내 심경을 마치 옆에서
엿들은 사람처럼 써서 놀라지 않을 수 없었다.

"인간은 마음먹기에 달렸다. 내가 옳다고 생각하는 걸
A영역이라고 해보자. 내가 옳지 않다고 생각하는 걸 B영역
이라고 해보자. 나를 부정한다는 건 A에서 B로 옮겨간다는
뜻이다. 되든 안 되든 일단 옮겨간다. 그러면 A가 보일 것이
다. 기존에는 보이지 않던 A가 보인다. A에선 절대 A의 전체
가 보이지 않는다. 이건 A가 옳다는 것보다 더 자명한 진실
이다. A에선 A의 일부와 B의 전체가 보일 뿐이다.

그런데 이상한 건 B로 옮겨갔을 때도 B가 보인다는 것
이다. 이때 보이는 건 B의 내밀한 영역이다. 전체로서의 B
를 봤기 때문에 나는 B의 세부에서 얻은 정보와 B의 전체
적인 그림을 융합해서 생각할 수 있게 된다. 나는 A에 오래

머물렀기 때문에 B에 쉽게 동화되지는 못한다. 하지만 B의 일부를 공감할 수 있는 감각이 생긴다. 그런 다음 다시 A로 건너간다. 그런데 혼자 가는 것이 아니다. B에서 사귄 친구를 데려간다. 그렇기에 B와 너무 멀리 떨어진 곳으론 가지 못한다.

이로써 문제가 다 해결된다는 뜻이 아니다. 중요한 건 막혀 있던 기혈이 뚫리듯 내 안에서 진정한 소통 작용이 발생한다는 것이다. 어제까지 '적'으로 생각하던 것을 명단에서 제외할 수 있는 판단력이 생긴다. 적에게 곧장 뻗어나가는 공격성은 날카롭지만, 그 예각이 금세 무뎌진다. 하지만 적에게 뻗어나가는 칼날을 나에게 되돌리면서, 그 환차손으로 생겨나는 예각은 훨씬 더 날카롭다. 휘어서 두드려 편 것이기 때문에 담금질을 거쳤다고 할 수 있다. 그 예각이 깊이를 만들어낸다."[*]

이제는 늘공과 어공의 이분법을 경계한다. 관료사회를 이해하는 참고는 될지 몰라도 절대적인 기준은 아니기 때

[*] 2025. 1. 31. 매일경제. "[강성민의 문화이면] 고통을 반기는 태도"

문이다. 아쉽게도 비중은 작지만 늘공 중에도 승진과 무관하게 직업적 본분에 충실한 직원이 있는가 하면, 영향력이 있는 의원이나 간부 공무원만 주로 챙기면서 정치질에 열중하는 어공도 적지 않다는 것을 잘 알고 있다. 간혹 행정 실무 경험도 없으면서 어공 전문위원이 집행기관의 업무를 얼마나 알겠냐는 비아냥을 들으면 반문하고 싶다. 경찰이 살인을 꼭 저질러봐야 살인사건 수사를 잘하냐고. '늘공이냐 어공이냐' 만으로 상대의 태도나 잠재력을 단정할 수 없다. 기회든 불운이든 모두 사람을 통해서 온다고 믿는다. 결핍투성이 개인이 모여 공동체를 이루는 이유가 아니겠는가. 2015년 최규석 작가의 네이버 웹툰을 원작으로 한 JTBC 드라마 〈송곳〉에 나오는 한 유명한 대사가 정말 옳다. "사람들은 (보통) 옳은 사람 말 안 들어. 좋은 사람 말을 듣지." 서투르더라도 화이부동으로 일하고 싶다.

프로와 아마추어

거실에서 TV를 보며 아내와 저녁 식사를 하던 중이었다. 2023년 PSG^{Paris Saint-Germain}, 파리 생제르맹으로 이적한 이강인 선수의 경기 장면이 뉴스에서 나오길래 아내에게 물었다.

"프로선수는 소속팀을 옮기는 게 아무렇지도 않나 봐."
"당연한 거 아닌가, 연봉을 많이 준다는데……."

그렇지. 연봉을 높게 준다는데 프로스포츠 선수가 소속팀을 옮기는 게 뭔 대수일까. 그래도 여전히 찜찜했다. 이강인 선수는 2001년생으로 2017년 발렌시아 CF 메스타야에 입단한 후 2018년부터 스페인 프리메라 리그에서 뛰었다. 유럽에서 뛴 역대 한국 축구 선수 가운데 가장 어린 나이에 프로 공식 경기 데뷔전을 치른 선수라고 한다. 프로선수 경력에 비하면 구단 이적 경력이 벌써 서너 번째인데 나는 이런 점이 어색했다. 스카우트든 트레이드든 프로선수가 소속 팀을 옮길 때 과연 인간적인 고민은 없을까 궁금했다. 분야는 다르지만 마치 A정당 소속으로 선출직을 하다가 어느 날 갑자기 탈당해 경쟁 관계인 B정당에 입당하는 정치인의 얼굴도 연상됐다. 물론 정치적 신념을 기반으로 하는 정당과 자본의 원리로 작동하는 프로스포츠를 동일 선상에 놓고 비교하긴 어렵다. 그래도 수년간 한솥밥을 먹으며 땀 흘린 동료 선후배 선수들을 어느 날 갑자기 상대 팀 선수로 만나는 상황이 쉽게 납득하기 어려웠다. 한번 입단했으면 죽이 되든 밥이 되든(?) 소속 팀을 떠나지 않는 것이 의리 있는 선수가 아닌가(라고 생각했었다). 의리가 밥을 먹여주냐고 따지면 뭐라 할 말은 없지만 일례로 우리나라 여자 프로배구의 한국도로공사 하이패스 배구단에서만 무려 10년이 넘도록 활약하는 문정원 선수가 있다. 나는 문 선수의 기량이나 외모 못지않게 그녀의 의리가 좋다. 프로선수의 이적은 냉정한 시즌 성적 평가를 거쳐 다양한 요인들이 고려된다. 프로선수라면 능력을 인정해 주고 그에 합당한 금전적인 대우를 해 주는 팀에서 뛰고 싶어 한다. 훌륭한 코칭 스태프가 있는지, 기량과 팀웍이 좋은 동료 선수가 있는지도 중요한 고려사항이다. 프로선수는 직장인이다. 단지 스포츠 활동을 통해 가족을 부양하고 노후 대비를 한다는 것이 여느 직장인과 다를 뿐. 프로선수가 본인의 실력과 성적, 팀 기여도에 부합하는 금전적인 보상을 소속 팀과 구단에 요구하는 것은 당연하다. 만일 소속 팀이나 구단이 선수의 이런 요구를 계속 만족시켜 주지 않는다면 아마 다른 구단에서 그 선수를 그냥 내버려두지 않을지도 모른다. 몰래 보쌈이라도 해서 스카웃하고 싶을 테니까. 그렇다면 합법적인 절차를 거쳐 프로선수가 소속 팀을 바꾼다면 결코 '배신'이 아니다. 오히려 부러움과 찬사를 받을 일이다.

앞에서 언급했듯이 2023년 2월 건강상 이유로 서울시의회를 사직하고 임기제 공무원 생활 17년 만에 백수가 됐다. 실로 오랜만에 내가 소속된 기관을 설명하는 명함이 사라진 것이다. 이제껏 정책토론회가 있을 때마다 자주 드나들던 국회의원회관의 방문신청서 직업란도 빈칸으로 남겨둘 수밖에 없었다. 그 시기를 간간이 여자 프로배구 경기를 보는 재미에 빠져 지냈다. 그러다 문득 나 자신을 '백수'보다는 FA^{Free Agent} 즉 자유계약선수로 보고 싶어졌다. 목표도 꿈도 없는 소극적인 실업자가 아니라 전문성과 실력을 인정해 주는 새로운 소속팀과 계약하기 위한 적극적인 도전자가 되겠다는 다짐이었다.

간혹 평소 알고 지내는 의원이나 공무원들이 내게 묻는다. 국회나 서울시의회에서 일하지 왜 구의회에서 일하느냐고. 호기심과 안타까움이 뒤섞인 질문이다. 나는 첫 책 《나는 지방의회에서 일한다》에서 국회를 백화점에, 광역의회를 대형마트로, 기초의회를 동네 편의점으로 비유해 독자들의 호응을 얻은 적이 있다. 그러니까 이분들의 질문은 편의점 같은 기초의회에서 뭘 그렇게 아등바등하냐, 이왕이면 백화점이나 대형마트에서 일하라는 뜻임을 잘 안다. 나 역시 고민하지 않았다면 거짓말일 것이다. '내가 있어야 할 자리는 어디일까, 이번 생은 이렇게 기초의회 전문위원으로 끝나는 건가' 등등의 질문이 머릿속을 어지럽히곤 했다. 그럴 때마다 머리로는 '괜찮아. 여기도 못 와서 부러워하는 사람들이 얼마나 많은데.' 싶다가도 어수선한 회의장에 앉아 있을 땐 '일우야, 구멍가게에서 뭐 하고 있냐.' 싶어 내 능력을 자책하며 자괴감에 빠진 적도 많았다. 그러던 중 1년 남짓 서울시의회 전문위원으로 근무하고 생각이 많이 달라졌다. 서울시의회는 겉보기와 많이 달랐다. 규모가 큰 조직에서 벌어지는 각양각색의 사내정치社內政治로 머리가 아팠으니까. 직장생활이 다 그렇다고 생각하기엔 내가 봤던 십수 년 이상 근무한 수석전문위원들의 모습은 거의 반半은 정치인이었다. 그들의 능수능란한 처세와 화술을 보면서 부러워한 적도 있다(나는 내향형이다). 그러다 5년이나 10년 후 내 모습이 저런 모습이면 어떨까 하는 생각이 들면 저절로 고개가 갸웃거려졌다. 심지어 의원이나 동료 직원과의 휴대전화 통화를 녹음하는 사람이 비일비재하다는 말을 들었을 때 비인간적인 조직문화에 기겁했다. 그동안 몸담았던 권익위, 다른 구의회 등 어느 곳에서도 휴대전화 통화를 녹음하는 곳은 없었다. 아무리 지방의회가 정치하는 곳이라지만 기초의회에 비하면 광역의회는 정쟁으로 얼룩진 미니 국회였다. 광역의회는 매사 기초의회보다 정치색이 짙다는 것을 막상 겪어 보고 알았다. 100명이 넘는 시의원들의 원내 의정활동은 특정 사업 자체의 타당성이

나 기대효과보다 철저히 여·야의 진영 논리에 입각해 공격과 수비를 했다. 그 중심에서 나의 정치 신념과 무관하게 주어지는 업무에 아무렇지 않게 충실히 하는 것이 힘들었다. 나랑 안 맞는 옷이었다. 《불안한 마음을 잠재우는 법》[빌리버튼, 2020]의 저자이자 연세숲정신건강의학과의원 원장인 하주원 작가가 온라인 강연에서 자신이 안정된 대학병원을 나온 가장 큰 이유는 사내정치에 실패했기 때문이라고 밝히던 모습이 나로선 참 통쾌했다. 킥복싱을 취미로 한다는 그녀가 사내정치에 골몰해 있는 능구렁이 선배, 동료 의사들을 상대로 멋진 니킥을 날린 것 같았다. 내가 1년 6개월의 셀프 안식년 후 광역의회가 아닌 기초의회를 택한 것도 비슷한 부분이 있다. 앞으로도 정치 전반에 관심은 두되, 사내정치의 중심에 있는 전문위원은 되지 말자는 것이 업무 원칙이다.

우연히 조계사에서 진행된 불교창립 50주년 붓다빅퀘스천 릴레이 강연에서 들은 원철 스님의 말씀이 내게 죽비였다. 조천일우照千一隅 차즉국보此則國寶. 천 구석 가운데 한구석만 밝힐 수 있다면 이 사람이 바로 국보 같은 존재가 될

지니라. 일본 교토 히예산比叡山 연력사延歷社 입구의 돌기둥 글씨이고 창건주 최징 대사의 어록이다. 나중에 자료를 찾다가 유홍준의 2024년 최근작 《나의 인생만사 답사기》에도 똑같은 글귀와 비슷한 해석을 발견했다. 유홍준 작가는 '천 가지 중 오직 하나를 잘하면 그것이 국보라는 뜻이다. 한 가지 일에 충실하면 그것이 인생의 보람이고, 사회로부터 인정받고 나라에 기여하는 길이라는 신념을 말해주는 표어다. 그런 정신에서 일본은 장인을 존중하는 사회로 성장했고 직업윤리 의식이 형성되었다.'라고 설명했다. '그래, 이거다!' 나는 저절로 쾌재를 불렀다. 세상의 선입견이나 고정관념을 반박할 나만의 근거를 발견한 기분이었다.《내가 가진 것을 세상이 원하게 하라》의 저자 최인아 대표는 결국 '왜 일하는가?' '어떻게 일할 것인가?' 즉 일에 대한 의미와 태도에 관한 질문은 세상의 답이 아닌 나만의 답을 만들어가야 한다고 강조한다. 30여 년간 광고업계에서 자기만의 색깔로 인정받고 일터에서 스스로 물러나 10년 넘게 자신의 이름을 딴 '최인아책방'을 운영하는 그녀의 말이기에 더욱 수긍이 됐다. 최인아 대표는 비록 현실이 만족스럽지 못하더라도 그 시간 역시 다시 안 올 내 인생이기에 최선을 다하며 일이 주는 기쁨과 슬픔을 온전히 느껴보라고 권한다. 그녀의 말대로 우리는 흔히 조직의 일을 해주는 것이라 생각하지만, 그 시간 역시 나를 만들어가는 과정일지도 모른다. 나를 위해 일하고 결과로써 기여하는 거라는 최인아 대표의 말에 십분 공감한다.

내 직업에 애착과 프로의식을 갖게 된 또 다른 계기가 있다. 얼핏 보면 별것 아닌 것 같지만 자신의 업에 최선을 다하는 직업인을 볼 때마다 그랬다. 일례로 "초밥은 수행이다"라는 문경환 셰프에게 스시는 밥의 온도, 굳기, 밥과 생선을 같이 먹었을 때 입안에서 사라지는 정도 등 모든 것을 연구하고 고려해 균형을 맞춘 〈최상의 작품〉이라는 인터뷰 기사를 인상적으로 본 적이 있다. 일본 미쉐린에서 외국인으로서는 최초로 1스타를 받은 문 셰프는 "어느 수준 이상으로 가면 '맛있는 식당'은 많다. 그러나 '행복감을 느끼게 하는 식당'은 또 다른 영역"이라고 했다. "손님이 왔을 때 어떤 자리에 앉았을 때 가장 기쁠지, 술은 어떤 걸 좋아하는지, 차의 온도는 어떤지까지 세심하게 살펴야 한다. '저 가게를 가면 100% 안심하고 맡길 수 있다. 100% 행복해진

                                        어쨌든 지방의회

다' 하는 게 진정한 '오마카세'"라고 했다. 도대체 초밥이 뭐 길래 이렇게까지 진심일까. 기초의회가 뭐길래 나는 지난 9년 동안 진심이었을까. 악마만 디테일에 있는 건 아니다. 고수도 디테일에 있다.

"프로패셔널의 조건은 사랑이다. 노력하는 것이 아니라 사랑하기에 가까이하지 않을 수 없고 저절로 잘하게 된다. 사랑하는 것에게 진지하지 않을 수 있는가? 엄숙할 필요는 없지만."

《위반하는 글쓰기》와 《오늘은 좀 매울지도 몰라》의 저 자로 유명한 강창래 작가의 말인데 나 역시 적극 동감한다. 언제까지 외적인 것만으로 일의 가치를 재단할 것인가. 어 떤 일이든 진심을 다해 꾸준하게 노력한 결과로 평가받을 수 있다면 프로가 아니겠는가. 나태주 시인의 시 "마당을 쓸었습니다"에 내 심정이 잘 나타나 있다.

"마당을 쓸었습니다 / 지구 한 모퉁이가 / 깨끗해졌습니다 // 꽃 한 송이 피었습니다 / 지구 한 모퉁이가 아름다워졌습니

다 // 마음속에 시 하나 싹 텄습니다 / 지구 한 모퉁이가 밝아졌
습니다 // 나는 지금 그대를 사랑합니다 / 지구 한 모퉁이가 더
욱 깨끗해지고 / 아름다워졌습니다."

깜깜한 밤에 등잔 속 기름에 적신 심지에 불을 붙이면
주위가 환해지는데 정작 그 등잔의 아래엔 그늘이 져서 어
두운 현상을 일컫는 말이 등하불명燈下不明이다. 한밤중에 손
전등을 가지고 어두운 곳을 비추면 그곳은 잘 보이지만 손
전등의 바로 아래는 어두운 이치이다. 『주역』에서는 이런
이치를 해가 중천에 걸려 천하를 비출 정도로 밝은 세상이
되었지만 정작 그 이면은 깜깜한 밤중에나 볼 수 있는 북두
성이 보일 정도로 어둡다는 뜻의 일중견두日中見斗라 하였다.
혹자는 이 말을 해가 중천에 걸려 사방을 비추는 현상을 임
금이 나라의 한가운데에서 사방을 다스리는 의미로도 본
다. 나라의 한가운데 있으면 사방을 잘 비추어 훤히 알 수
있을 것 같지만 정작 그 아래는 어두워 보기가 힘든 법이
다. 이 또한 일중견두가 아닐까 싶다. 비슷한 맥락에서 나
는 단체장 중심의 지방자치로 인해 생기는 사각지대를 의
회가 밝게 비추어야 한다는 의미로도 이를 해석하고 싶다.

어쩌면 반복되는 일상에서 복잡하게 일의 의미를 부여하려는 자체가 아마추어일지도 모르겠다. 수년간 헬스장에서 개인지도를 통해 중요하게 배운 점이 하나 있다. 근육은 항상 딱딱해야 좋은 것이 아니다. 건강하게 발달한 근육일수록 의외로 평상시엔 말랑말랑하다가 힘을 줄 때 비로소 딱딱해진다. 그래, 힘을 빼고 그냥 나의 일을 하자.

인식의 오류

#사례1

상임위에서 어르신정책과의 데이케어센터 재위탁 동의
안을 심사할 때였다. 재가복지시설에 대한 국민건강보험공
단의 정기평가결과를 두고 담당과장이 살짝살짝 거짓말을
하는 것 같았다. 검토보고서엔 분명 D등급으로 작성했는
데 과장이 B등급으로 답변하자 난 위원장에게 사실 확인이
필요하다는 쪽지를 건넸다. 위원장이 과장과 옥신각신하는
동안 난 옆에 앉은 동료 전문위원과 과장의 거짓말을 토로
했다. 그러다 그 전문위원이 검토보고서에 적힌 D등급의
괄호 안 숫자가 이상하다고 했다. 85점으로 적혀 있는데 D
등급이라니. 그 순간 아차 싶었다. 상임위 회의장에서 스마
트폰으로 국민건강보험공단 홈페이지를 검색했지만, 인터
넷 연결은 더디기만 했다. 겨우겨우 자료는 검색했지만 사

실 이미 결론이 난 거나 마찬가지였다. 100점 만점인데 80점대가 D등급이 어디 있겠나. 다른 등급들 점수를 비교해도 분명했다. 물론 사업 평가 시기와 평가 기준시점이 달라서 생긴 오해도 있었다. 보통 2023년도 사업 성과를 2024년에 평가하니까. 다행히 재가시설 평가결과에 대한 논의는 더 이상의 논란 없이 지나갔다. 난 동료 전문위원에게 곧바로 해당 부분을 수정한 검토보고서를 의사팀에 넘기라고 지시했다. 상임위가 끝나고 전문위원실에 왔더니 어르신정책과에서 내 검토보고서를 보고 싶다고 연락이 왔다. 오탈자를 모른 채 우겼다면 큰 망신을 당할 뻔했다.

#사례2

상임위 회의 중에 모르는 번호로 전화가 걸려 왔다. 스팸 전화인가 싶어 받지 않았더니 같은 번호로 두 차례 더 전화가 걸려 왔다. 마지못해 전화를 받자 족히 60세는 넘었을 것 같은 남성의 목소리가 휴대전화기 너머로 들렸다. "안녕하세요? 이일우 씨 되시죠? 저는 112동 통장입니다." 나는 엉겁결에 대답했다. "아, 예." 전화를 건 그 나이 든 통장님은 자신을 짧게 소개한 후 곧바로 용건을 말했다. 전입

   어쨌든 지방의회

세대를 대상으로 실제 거주 여부를 직접 확인할 목적이라고 했다. 나는 지난 4월 말 같은 아파트 같은 동의 9층에서 15층으로 이사를 했기에 신규 전입 세대는 맞다. 이미 동주민센터와 관리사무소에 전입신고를 마쳐서 모든 신고 절차가 끝난 줄 알았는데, 한 달도 더 지난 지금 실제 거주 여부를 확인한다니 조금 뜬금없고 당황스러웠다. 아파트에서 이사를 다닌지 여러 번이지만 이런 경우는 처음이라 더욱 그랬다. 그 통장 어르신은 전입 세대의 세대원이 모두 있는 시간에 자신이 방문하겠다고 했다. 직장에서 전화를 받은 나는 아내의 일정을 묻고 다음 날 저녁 8시쯤이 좋겠다고 방문가능한 시간을 통장님에게 알렸다.

다음날 낮에 사무실에 있는데 그 통장님으로부터 다시 전화가 왔다. 본인이 사정이 생겨서 오늘 저녁 방문하기 어려우니 다른 날짜를 새로 잡자고 했다. 그러자 슬슬 짜증이 나기 시작했다. 실제 거주하는 것이 사실이고 아파트 이사하면서 이런 절차는 처음인 데다 아무리 통장이라지만 낯선 이가 우리 집을 방문한다니 찝찝할 수밖에. 그렇게 해야 한다는데 어쩌겠는가 싶어서 주말 저녁 시간을 새로 약속하고 전화를 끊었다. 전화를 끊은 후 문득 궁금했다. 제도가 새로 생겼나? 어떤 근거로 시행하는 거지? 곧바로 사무실 컴퓨터로 법제처 국가법령정보센터 홈페이지에 접속해 검색해 봤다.

위장전입을 방지하기 위하여 담당공무원은 전입신고자에 대한 본인확인을 하고 전입신고하는 새로운 주소지에 주민등록되어 있는 기존 전입세대의 수를 미리 확인하도록 「주민등록법 시행령」이 2013년 12월 일부 개정되어 2014년 3월부터 시행된 사실을 알았다. 그런데 모두가 실제 거주사실을 확인받을 필요는 없었다. 같은 법령 제15조 제4항에 따르면 구청장은 신고의무가 있는 사람이 임대차계약증서상의 확정일자를 읍·면·동 또는 출장소에서 받은 경우이거나 전입신고를 한 날부터 5일 이내에 임대차계약서, 매매계약서 등 전입을 확인할 수 있는 자료를 제출하여 관계 공무원이 확인한 경우에는 신고사항의 사후확인을 생략할 수 있다. 이 규정에 따르면 나는 동주민센터에 전입신고를 하고 확정일자를 받았으므로 사후 확인 면제대상인 것이다. 곧바로 이 규정을 통장님께 문자로 전달

　어쨌든 지방의회

하고 전화를 걸어 말씀드렸다. 내 설명을 들은 통장님은 헛기침을 몇 번 하더니 잘 알았다고 했다. 그러더니 통장으로 위촉된 지 몇 개월밖에 안 되어 규정을 잘 몰랐는데 덕분에 본인의 일이 줄었다며 고마워했다.

위 사례 말고도 내가 아는 것을 의심해야 하는 순간과 종종 마주한다. 미국의 실천적인 지식인인 하워드 진^{Howard Zinn, 1922~2010}은 이 세상에 똑같은 기차는 없다고 했다. 내게는 얼핏 보기에 비슷해 보이는 모든 안건이 다 그렇다. 전문위원으로서 지금 내가 알고 있는 것이 사실일까, 전부일까, 그것을 어떻게 알 수 있을까 등을 자주 묻는다. '무식하면 용감하다'라는 말을 실험으로 증명한 결과로 '더닝크루거 효과^{Dunning–Kruger Effect}'가 있다. 코넬 대학교 심리학자인 데이비드 더닝^{David Dunning, 1960~}이 연구한 것인데, 연구 동기가 흥미롭다. 1995년에 은행강도가 마스크도 쓰지 않은 채로 은행을 털다 걸렸는데, 그 이유가 얼굴에 레몬주스를 뿌리면 감시카메라에 걸리지 않는다고 믿었기 때문이라는 보도를 보고 이와 관련된 연구를 결심했다고 한다. 이후 제자 저스틴 크루거^{Justin Kruger}와 함께 학부생들을 상대로 실험했는데, 그 결과 성적이 낮은 학생일수록 자신의 성적이 높을 거라고 생각하고, 성적이 높은 학생은 자신의 예상 성적이 낮을 거라고 생각한다는 결과를 얻었다. 그러니까 더닝크루거 효과란 무식하면 용감하고, 알면 겁쟁이가 되는 현상을 말한다.[*]

2011년 우주 가속 팽창을 발견해 노벨물리학상을 받은 UC버클리대학교 물리학과 솔 펄머터Saul Perlmutter 교수는 《넥스트 씽킹》을 통해 '과학적 사고가 필요한 때'를 말한다. 판단할 수 없을 만큼 많은 정보와 가짜 뉴스로 가득한 이 시대는 더 이상 인간의 직관만으로 살아갈 수 없다는 것이다. 그는 과학적 사고를 "복잡한 세상에서 우리가 더 효과적인 의사 결정을 하도록 돕는 사고의 틀"이라고 말한다. 무엇이 사실인지 확인하고, 어떤 사안에서 누구의 전문성을 신뢰할지 기준을 세우는 것이다. "과학자가 하는 일의 대부분은 우리가 무엇을 잘못하고 있는지를 찾는 것이다. 오해일 수 있다는 걸 전제하고 이해로 나아가는 과정이야말로 과학

---

[*] 2024. 1. 21. 뉴스퀘스트, "[행동경제학으로 보는 세상(150)] 무식하면 용감하다 '더닝크루거 효과'"

적 사고가 만드는 초능력이다." 그렇다면 모두가 전문가라고 말하는 시대. 우리는 누구를 믿어야 할까. 펄머터는 다음과 같이 말한다.

"지나치게 확신하는 것처럼 말하는 전문가를 조심하라. 자신의 오류 가능성을 이해하는 사람들을 찾아야 한다. 하지만 우리는 전문가의 자신감에 매료된다. 전문가가 쓰는 단어에 귀 기울여보라"고 말한다. '~인 것은 가능합니다' '이런 견해도 있습니다'처럼 불확실성이 내재해 있는지, 반대로 '절대적 확실성'을 내세우는지 보라는 것이다. 가령 "확고한 의견을 제시할 만큼 잘 알지 못합니다"라고 말하는 전문가야말로 신뢰할 수 있는 사람이라고 한다. 이 점에서 그는 "진실이란 뗏목 같은 것"이라고 말한다. "현재의 지식을 모두 불신하라는 게 아니다. 과학과 진실은 뗏목의 통나무들처럼 여러 요소가 연결돼 있다. 뗏목의 통나무를 한 번에 다 떼면 물에 빠져 죽을 것이다. 잘못된 통나무를 하나씩 점검해 나가듯 불확실성을 기반으로 뗏목을 개량해 나가는 것이다."[*]

* 2025. 9. 27. 조선일보, "[Books가 만난 사람] 노벨물리학상 수상자 솔 펄머터"

고작 구의회 안건을 검토하면서 이런 것까지 고민하냐고 반문할지도 모르겠다. 당신이 진정한 고수라면 모를까 통상적으로는 문제를 대충 보면 대충 진단할 수밖에 없다. 수십만 명의 주민들과 17명의 주민대표를 정책적으로 보좌하는 전문위원에게 이런 태도는 당연하지 않을까. 이 글을 읽는 독자 중에 매너리즘에 빠진 지방의회 사무기구 직원이 있다면 그동안 안 해보던 질문을 자신에게 던져보라고 권하고 싶다. 안 보이던 게 보이기 시작할 때까지 말이다.

지방의회의원은 억울하다[*]

2023년 9월 서울시 종로구의회에서는 지방의회 역사 상 유례없는 일이 벌어졌다. 구청장이 구의회 사무국에 파견된 직원 12명 전원을 구청으로 복귀시켰기 때문이다. 의장선출을 둘러싸고 장기간 파행이 계속되면서 구의회 운영 중단으로 인한 유휴 인력을 구 민생현안 업무에 투입하고 구의회가 정상화되면 다시 직원을 파견해 업무를 지원하겠다는 것이 구청장의 방침이었다. 종로구의회 사무국의 인력은 국장 1명과 전문위원 3명 등 모두 32명으로 구성되어 있는데 정원의 37%에 달하는 직원이 구청으로 복귀하면서 구의회 행정 업무는 마비됐다. 당시 언론은 운전직이 행정업무를 하고 속기사가 홍보업무를 한다며 의회사무국

의 비정상적인 상황을 꼬집어 대느라 바빴다. 무려 15개월 동안이나 구의회 의사일정이 중단된 것도 드문 일이었지만 나는 의회사무기구의 행정직 공무원을 구청장이 마음만 먹으면 얼마든지 넣었다 뺐다 할 수 있다는 사실을 확인한 것 같아 착잡했다. 2022년 1월 전부 개정된 지방자치법 시행으로 지방의회의 인사권이 독립됐다던 말이 무색했다. 얼핏 보면 이런 상황이 구의회 의원만의 책임이라고 하겠지만 과연 그럴까? 이제 그 이면을 들여다보자.

주민 인구가 32만 명 내외인 서울시 A 자치구 구청장은 대략 1,200여 명의 공무원 조직을 거느린다. 인구수와 동洞의 개수 등에 따라 A 구의회의 구의원은 15명 내외이고 의회사무국은 30명 내외의 직원으로 구성된다. 게다가 운전직, 방호직, 비서직, 속기직, 사진사 등의 직원을 제외하면 A 구의회 사무국에서 구의원을 정책적으로 보좌할 수 있는 직원은 전문위원 3명, 5급 2명, 6급 1명과 의원 2명당 1명씩 배정된 정책지원관이 전부이다. 단순히 계산해 봐도 1,200명 대 VS 4명. 정책적인 가용인력만 놓고 보면 기초의회의 경우 양적, 질적 측면에서 구청장 쪽에 압도적으로 기

어쨌든 지방의회

울어진 운동장인 셈이다. 이렇다 보니 의정활동 경험이 적은 '해맑은' 초선 구의원은 임기 중반이 지나도록 20~30년 경력의 늘공에게 휘둘리기 쉽다. 예를 들면 구의원이 주민들의 요구로 어떤 조례를 만들고 싶을 때 구청의 담당부서 직원은 그 조례가 불필요한 이유부터 설명하기 일쑤다. 새로운 조례가 제정되면 그 조례를 근거로 소관부서의 법적 책임이나 의무가 명확해지기 때문에 담당자는 부담스럽기 마련이다. 안 하던 일이 새로 생기니 방어적일 수밖에. 대체로 늘공 전문위원은 이런 상황에서 구청 부서의 입장을 두둔하거나 아예 뒤로 빠져서 관망했다. 어차피 의원을 두둔하면 '구의회로 가더니 사람이 변했다'라는 구청 동료나 후배 직원의 핀잔과 비아냥을 들을 테고 무조건 부서의 입장만 두둔하면 조례를 발의한 의원에게 찍힐 것 같으니까. 물론 의원이 실적만을 의식해 무책임하게 조례를 발의하는 '참을 수 없는 조례 발의의 가벼움'도 적지 않다. 발의한 의원이 조례안의 주요 내용을 몰라 심사과정에서 동료의원의 질의에 말문이 막히는 상황이 그것이다. 이런 분위기에서 구의회의 위상을 높인다며 감히 구청장이 제출한 조례안을 비판적으로 검토하는 것은 그야말로 '광야에서 외치는 소리'^{요한복음 1정 23절}이기 일쑤다. 인사권이 독립되었어도 지방의회 업무를 대하는 이런 관점 차이는 좀처럼 좁혀질 기미가 보이지 않는다. 지방의회 인사권이 독립되기 전인 어느 해 정년 퇴임을 7~8개월쯤 앞둔 5급 행정직 전문위원이 내게 진지하게 했던 충고를 잊을 수가 없다.

"이일우 전문위원님, 까놓고 말해서 내가 퇴직하면 누구랑 술을 더 마실 것 같아요? 구의원들? 아니죠. 구청에 있는 직원들이지요."

아무리 말년 병장(?)이라지만 노골적으로 구청 입장만 두둔하는 그가 나는 못마땅했다. 한참을 고민하던 나는 이곳에 있는 동안만큼은 구의회 입장에서 일해야 하지 않겠냐는 말을 면전에서 꺼냈고 그러자 그는 한심하다는 듯이 이렇게 대꾸한 것이다. 물론 모든 늘공 전문위원이 이렇지는 않을 것이다. 어공 전문위원 역시 각양각색이듯 말이다. 이런 현실로 인해 집행기관으로 통칭되는 관료집단의 의견이 지방의회의원에게 과잉 대변될 수밖에 없다는 점은 중요한 문제이다. 지방의회의원이 원내 의정활동 과정에서 온통 관료주의의 영향을 직간접적으로 받는 것이다. 기초 의회일수록 문제는 더욱 심각하다.

사실 더 중대한 문제는 따로 있다. 지역 일꾼으로서 모범을 보이기는커녕 자질을 의심케 하는 일들이 터질 때마다 주민들은 "도대체 누가 저런 함량 미달 의원을 공천했느냐"며 분통을 터뜨렸다. 주민들 질타가 이어지고 있는데도, 선거 때마다 불량 의원들이 양산되는 이유는 자질 검증 첫 단계인 정당 공천 과정이 엉망이기 때문이다. '기초가 안 된 기초의원' 공천의 책임은 의원 개인보다는 정당에 있다는 뜻이다. 2006년 지방의원 선거부터 전국 시군구 기초의원에 대한 정당 공천 제도가 도입됐다. 문제는 기초의원 공천 과정이 투명하지 않은 데다, 지역구 국회의원에 종속돼 있다 보니 자질이나 도덕성과 무관한 불량 후보가 선출되고 있다는 점이다. 지역구 국회의원이 공천公薦을 좌지우지하다 보니 '사천私薦'이나 다름없다는 이야기가 나올 정도다. 한 구의원 예비후보는 "기초의원은 '국회의원의 10번째 보좌진'이고, 공천은 '돈과 친분 장사'라고 불리는 이유가 있다"고 말했다. 검증 과정에서 지역위원장또는 당협위원장과 지역구 국회의원 입김이 강하게 작용하는 탓에, 이들이 주최하는 행사 의전과 당원 동원이 후보 개인의 됨됨이나 능력보다 중요하다는 뜻이다.[*]

조금 거칠게 표현하면 '수준이 낮은 지방의회의원 문제'는 지방의회에 무관심한 유권자와 공무원 그리고 무능한 지방의회의원을 공천한 국회의원의 짬짜미 때문이다. 지방의회가 진정으로 주민들의 눈높이로 바뀌길 원하는가? 제도 개선 외에 쉬운 일부터 해보자. 일단 내가 사는 동네의 구의원과 시의원의 이름을 아는 것부터가 그 시작이다. 하루하루 먹고살기 바빠 상임위와 본회의 회의를 실시간으로 모니터링은 못 하더라도 구의원과 시의원의 주요 원내 의정활동 정도는 지켜볼 필요가 있다. 그리고 지켜본 결과를 해당 지역 국회의원에게 반드시 전달해야 한다. 유권자가 움직이지 않으면 지방의회를 바꿀 수 없다. 소위 '천박한' 지방의회는 정치 생태계의 결과물에 불과할지도 모른다. 그래서 지방의회의원은 억울하다.

---

[*] 2022. 3. 25. 한국일보, "기초 안 된 기초의원 "누가 저런 불량 후보 공천했나"⋯ 함량 미달 동네 일꾼들"

   어쨌든 지방의회

결론이 빨리 날수록
좋은 회의일까?

KBS에서 〈1박 2일〉을 성공시킨 나영석 PD의 인터뷰를 인상 깊게 본 적이 있다. 시사주간지 전前 〈시사IN〉 기자 고재열의 브런치 스토리 중 2021년 1월 18일에 게시된 "나영석이 말하는 회의 잘하는 비결"이었다. 그 글의 일부를 발췌해 본다.

• 고재열 기자 : 긴 회의를 즐긴다고 들었다. 대부분의 직장인들은 회의를 소모적인 일이라고 생각한다. 회의에 대한 생각이 일반인과 다른 것 같다.

• 나영석 PD : 회의에서 정답을 원하지 않는다는 것이 노하우라면 노하우인 것 같다. 어차피 정답이 무엇인지는 아무도 모른다. 경험이 많은 사람이 확률 높은 답을 내놓을 수는 있겠

지만 아무도 정답을 확신할 수는 없다. 그런데 회의에서는 연차가 낮을수록 말을 잘 안 하게 된다. 자기 생각에 자신이 없기 때문이다. 그들의 말을 다 들어보려고 일부러라도 의견을 묻는다. 그들은 그들 또래를 대표하기 때문이다. 나는 그들의 취향이나 성격을 평소에 파악해 두고 있다. 그래서 누구를 대변하는지 다 파악하고 있다. 그들의 반응을 취합하면 그 아이템에 대한 대강의 그림이 그려진다. 그 정보를 가지고 판단을 내린다.

• 고재열 기자 : 너무 빨리 결론이 나면 뭔가 잘못된 것이라 보고 회의를 다시 한다고 들었다.

• 나영석 PD : 결론이 빨리 난다는 것은 뒤집어 말하면 빤한 아이템이라는 얘기다. 모두가 동의하는 아이템은 가장 위험한 아이템이다. 기승전결이 쉽게 읽히는 아이템이기 때문이다. 그래서 결론이 빨리 나면 아 이건 다시 생각해 봐야지, 하고 회의를 되돌린다.

결론이 빨리 날수록 빤한 아이템이라니. 역시 스타 PD

의 발상은 남달랐다. 무한 경쟁 속에서 있었는지조차 모른 채 사라지고 마는 정글 같은 예능프로그램의 세계에서 오랫동안 시청자들의 사랑을 받은 나영석 PD다웠다. 너무 튀지도 뒤처지지도 말고 적당히 중간만 가면 된다고 누누이 강조하던 공무원 선배들의 말과 달라도 너무 달랐다. 동료들의 의견을 최대한 수렴해 식상함과 상투성을 지양하려는 그의 확고한 철학이 좋았다. 물론 예능프로그램과 지방의회의 회의를 그대로 비교할 순 없다. 하지만 시청자들에게 재미와 감동을 주려고 튀지 못해 안달하는 예능프로그램 출연자들과 유권자를 의식해 상임위와 본회의에서 활약하는 지방의회의원은 어딘가 많이 닮지 않았는가?

구의회 상임위 회의는 일찍 끝날수록 좋은 걸까? 가결이든 보류든 기각이든 안건에 대한 결론이 빨리 날수록 상임위 담당 직원들은 좋을 수 있다. 그만큼 노동시간이 줄고 신경 쓸 일이 없어지게 되니까. 결론이 빨리 나려면 상위법령 개정을 단순 반영한 안건이거나 의원들 간에 미리 처리 방향에 대한 공감대가 있어야 한다. 예를 들어 구청장이 제출한 조례개정안이 이러저러해서 이번엔 영 아닌 것 같다

든지, 모 의원이 발의한 조례안은 시기상조라 이번엔 보류
하고 다음에 심사하자든지 하는 것을 말한다. 구청장이 제
출한 안건의 경우 당연히 이른 시일 안에 원안대로 가결되
는 것을 담당 부서는 가장 좋아한다. 내용 일부를 수정하는
것까지도 수용할 수 있다. 하지만 의원들의 질의답변이 길
어지고 급기야 정회를 하면서 갑론을박이 벌어지면 안건
의 소관부서 과장과 팀장은 애가 타기 시작한다. 자칫 보류
나 기각으로 결론이 나면 사업 추진 일정에 차질이 생길 뿐
만 아니라 구청 윗선에 뭐라고 보고해야 할지 난처하기 때
문이다. 하지만 선출직과 행정직 공무원의 시계는 다르다.
절차와 규정을 우선하는 행정직 공무원과 달리 정무적 판
단을 우선하는 것이 선출직이다. 그렇다 보니 복잡해 보이
는 안건이 의외로 속전속결로 결론이 나기도 하고 쉽게 통
과될 거라 예상했던 안건이 예상외로 보류되기도 한다. 적
어도 정치의 영역에서는 신속성만이 항상 정답은 아니다.
독재나 전체주의와 달리 다양한 의견을 전제로 하는 민주
주의의 속성이 그렇지 않은가.

지방의회에는 상임위나 본회의 말고도 회의가 많다. 의

 어쨌든 지방의회

원연구단체에서 발주한 연구용역 착수·중간·최종 보고 회의, 의원 총회, 각종 민원 관련 간담회 등이 그것이다. C 구의회는 임시회를 앞두고 의사일정을 결정하기 위한 의회운영위가 끝나면 곧바로 의장실에서 의장과 부의장, 상임위원장, 교섭단체 대표 등이 참석한 가운데 의장단 회의를 개최한다. 의장단 회의는 법적 구속력이 있는 공식 회의기구는 아니지만 곧 있을 회기의 의사일정과 의회 현안, 주요 행사 일정 등을 논의하는 자리이다. 의회사무국 팀장급 이상 직원도 의장단 회의에 배석한다. 어느 봄날의 의장단 회의는 구청과 구의회의 신청사 이전으로 개청식 일정을 어떻게 하면 좋을지 논의했다. 임시회 기간과 겹치지 않게 개청식 일자를 잡자는 것이 당초 취지였는데 늘 그렇듯이 의원들의 질문과 답변이 꼬리에 꼬리를 물고 이어졌다. 신청사 개청식을 구청과 의회가 함께 할 것인가 의회만 따로 할 것인가? 임시회 일정을 개청식 뒤로 미룰 것인가? 등등의 질문이 오가다 보니 연초 구의회 시무식 일정까지 얘기가 확대되었다. 그러자 뜬금없이 의장단에서 결정한 사안에 불만을 제기하는 일부 의원들에 대한 성토가 쏟아졌다. 의장단 회의에서 결정한 것을 다시 의총에서 결정하는 것이 맞는지 발언이 이어지는 중에 어느 의원은 지역 언론사와 구의원들의 연중 간담회는 어떻게 할 거냐고 묻기도 했다. 임시회 의사일정 보고 건 외에는 다룰 안건이 고작 한두 개에 불과했던 그날 의장단 회의는 어느샌가 한 시간을 훌쩍 넘겨버렸다.

이처럼 기초의회에서는 의원끼리의 모임인 의장단 회의조차 매끄럽게 진행되기 어려울 때가 많다. 특정 의원의 리더십을 탓하는 것이 아니다. 민주주의 제도에서 주민의 대표기관인 구의회에서 정작 민주적인 의사소통을 찾기 힘들다면 이상하지 않은가? 일부러 상대를 곤란하게 하려고 어깃장을 놓는 것도 아닌데 상대방의 발언 요지를 끝까지 듣지도 않고 엉뚱하게 반응하는 경우가 다반사이다. 말을 잘하는 사람일수록 그 모임이나 회의의 '맥락'을 파악할 줄 안다. 하지만 기초의회의 경우에는 이런 소통의 기본조차 부족하기 일쑤이다. 그러니 의장단 회의나 상임위 회의는 종종 배가 산으로 가는 일이 벌어진다. 행여나 이 모습을 주민들이 지켜본다면 오래전 모 개그프로에서 인기리에 방영된 '봉숭아학당'을 떠올리기라도 할까 봐 나는 전

어쨌든 지방의회

전긍긍했다. 그럴 때면 마음속에 여러 질문이 꼬리에 꼬리를 물었다. 국민 MC라는 유재석이나 100분 토론의 손석희 앵커가 구의회 의장단이나 상임위 회의를 진행하면 뭐가 다를까? 다양성을 존중하는 민주주의의 특성상 비효율적인 회의는 당연할까? 상대방 발언의 핵심 파악하기, 발언 중간에 말을 자르지 않고 경청하기, 의제 외의 발언 자제하기, 의제의 경중과 시급성을 따져 선택과 집중하여 논의하기 등을 지방의회의원이 어떻게 배우고 훈련할 수 있을까? 지방의회의원이 민주적 의사소통과 회의 진행을 잘하려면 무엇부터 해야 할까? 현대 사회의 문제는 복잡다단하다. 다양한 이해관계인과 원인들이 얽히고설킨 경우가 비일비재하다. 안타깝게도 상식적인 수준조차 대화와 토론을 할 줄 모르는 지방의회의원이 적지 않다. 민주적인 의사소통 교육이 시급하다. 아쉬운 대로 나는 전문위원 검토보고서에 안건의 쟁점사항과 착안사항을 적시하여 상임위 회의라는 배가 산으로 가지 않도록 노력한다. 다양한 의정활동을 감안하면 상임위 활동은 사실상 빙산의 일각에 불과하다. 의원들은 동네 이곳저곳, 의원실과 회의장 등에서 끊임없이 대화하고 주장하고 설득한다. 정치는 말로 하는 것이라는데 정작 기초의회에서는 민주적인 의사소통 도구로서 말을 찾기 힘들어 씁쓸할 뿐이다.

비슷한 맥락에서 2025년 3월 개봉한 영화 "콘클라베"는 시사하는 점이 많다. 콘클라베conclave는 가톨릭에서 교황을 선출하기 위하여 추기경들로 이루어진 선거인단과 그 선거를 하는 비밀회의를 뜻한다. 언뜻 이 말만 들으면 고리타분한 종교영화로 단정 짓기 쉽지만 실제로는 어지간한 정치영화 뺨칠 정도로 흥미진진하다. 영화가 흥행하면서 한동안 SNS에서 회자된 주인공 로렌스 추기경랄프 파인즈 扮의 다음과 같은 영화 초반부 대사가 있다.

"사도 바울은 교회를 향한 하느님의 선물이 바로 다양성임을 상기시켜 줍니다. 교회에 힘을 주는 것은 사람과 견해의 다양성입니다. 하지만 저는 무엇보다도 두려운 죄가 하나 있습니다. 그것은 바로 확신입니다. 확신은 통합의 강력한 적이며, 관용의 치명적인 적입니다. 심지어 그리스도조차 마지막 순간까지 확신하지 못하셨습니다. '하느님, 어찌하여 저를 버리셨습니까?'라며 고통 속에서 절규하셨지요. 우리의 믿음이 살아

     어쨌든 지방의회

있는 이유는 의심과 함께 걷기 때문입니다. 만약 확신만 있고 의심이 없다면 신비함도 사라지고, 결국 믿음조차 필요 없게 될 것입니다. 그러니, 의심하는 교황을 보내 주시길 하느님께 기도합시다.”

확신만이 가득하기 쉬운 지방의회에서 대화와 타협의 출발은 자신의 신념이나 믿음에 관한 일말의 의심이 아닐까. 마찬가지로 지역 주민들의 입장에서 다양한 ‘의심’을 제기하여 구청장이나 시장, 집행기관 관료의 독주를 견제하고 비판하는 일도 지방의회와 전문위원의 존재 이유 중 하나이다. 파급효과가 큰 사안일수록 모두가 찬성할 때 반대 의견을 제시하면서 토론을 활성화시키거나 또다른 대안이 있는지를 모색하도록 하는 것이다. 마치 가톨릭 성인^{sainthood} 추대 심사에서 추천 후보의 불가 이유를 집요하게 주장하는 역할을 맡는 사람인 데블스 에드버킷^{devil's advocate}처럼 말이다.

지방의회 회의의 질을 높이는
손쉬운 방법[*]

2025년 7월 29일 대통령 주재 국무회의가 역대 최초로 생중계됐다. 이날 오전 대통령실에서 열린 국무회의는 초반 1시간 20~30여 분간 회의 내용이 KTV 등을 통해 실시간 방송됐다. 참석자들이 입장하는 장면부터 국민의례, 신임 국무위원들의 인사에 이어 이 대통령이 모두발언을 한 뒤 중대재해 근절 대책과 관련해 부처별로 검토한 안을 보고받고 토론하는 모습 등이 중계됐다. 중대재해 근절 관련 토론이 끝난 뒤 산불·산사태 관련 산림관리 방안으로 주제가 넘어가면서 중계가 중단됐으나, 약 5~6분 뒤 방송이 재개됐다. 이어 약 5분간 부처 업무보고 일정 등과 관련한 논의가 이어진 뒤 이날 예정된 안건 처리 순서에 이르러 회

---

[*] 이 글은 필자가 한국자치발전연구원이 발행하는 《월간 자치발전》 9월호에 투고한 원고를 일부 수정한 것이다.

의는 비공개로 전환됐다. 그간 대통령의 모두발언 부분을 위주로 녹화 형식 공개만 이뤄져 왔던 국무회의에서 토론 내용이 실시간으로 전파를 탄 것은 처음이다.

살다 살다 국무회의 생중계를 재밌게 보다니! 이렇게 흥미진진한 정치드라마가 없었다. 유튜브로 1시간 가까이 본 이날 국무회의는 산업재해가 주제였다. 대통령은 곳곳에서 날카로운 질문을 던졌고 노동부, 법무부, 산업부, 중기부, 법제처 등의 장관들은 답해야 했다. 장관이 두루뭉수리로 답변하면 대통령의 추가 질문이 이어졌다. 대통령의 문제의식이 무엇인지 알려면 장관은 늘 깨어있어야 한다. 이번 국무회의 생중계를 보면서 대통령의 생각을 직접 들을 수 있었고 무엇이 현안인지 알 수 있었다. 앞으로 장관들은 공무원들과 함께 밤을 새워 고민해야 할 것 같다. 대통령이 디테일하게 질문하는데 장관이 매번 원론적인 답변만 할 순 없다. 이젠 참모들이 주는 보고서를 그대로 들고 회의에 들어가 강 건너 불구경하듯 하는 장관은 대통령과 국민의 신뢰를 얻기 어려울 것이다.

그런 의미에서 전국 지방의회의 모든 상임위와 본회의
도 유튜브 채널 등을 통해 생중계하면 좋겠다. 이미 다수
의 지방의회가 본회의와 상임위원회 회의를 생방송 또는
녹화방송으로 공개하지만 이런저런 이유로 여전히 미흡한
지방의회도 적지 않다. 주민들이 지방의회로부터 효능감을
느끼려면 모든 회의를 생중계 또는 녹화방송하는 게 좋다
고 본다. 일단 회의 생중계는 이번 국무회의 생중계에서 느
낀 것처럼 준비없는 회의를 줄여 준다. 조례안을 대표 발의
한 의원이 자신이 발의한 조례의 요지와 핵심도 모른 채 상
임위 심사에 참석하긴 어려울 것이다. 집행기관 간부들도
긴장되긴 마찬가지. 의원들의 쉬운 질의에도 계속 버벅거
리기만 한다면 무능한 간부라는 낙인이 공개적으로 찍힐
수도 있다. 상임위와 본회의 생중계는 지방의회의원뿐만
아니라 공무원들에게도 긍정적인 파급효과가 있을 것이다.
혹시라도 알맹이가 없이 지방의원의 쇼맨십만 과도해질까
염려되는가? 꼭 그렇지마는 않다. 생중계 화면에서 모든
의원이 국어책을 읽거나 아나운서처럼 딱딱하고 정형화된
모습이라면 그것 또한 얼마나 지루한가. 거품은 시간이 지
나면서 여론에 의해 자연스럽게 걸러질 거라고 본다.

당연한 말이지만 우리는 주민들이 갖는 관심의 크기에 상응하는 수준의 지방의회를 가진다. 지방의회의원의 수준이 낮다고 한탄만 할 것이 아니라 유권자로서 얼마나 관심을 가졌는지 따져볼 일이다. 지방의원들은 유권자들의 관심과 지지를 받아야 의정활동을 계속할 수 있다. 유권자는 지방의원의 활동과 성과를 많이 알수록 선택의 폭이 넓어진다. 그런 의미에서 지방의회의 각종 정보들은 주민들에게 투명하게 공개하는 것이 바람직하다. 지방의회에서 다루는 안건의 내용, 상임위 및 본회의 회의록, 검토보고서 및 심사보고서, 행정사무감사결과, 결산검사의견서 등은 주민들이 찾기 쉽게 해당 지방의회 홈페이지에 게시해야 한다. 주민들은 지방의회에서 논의되는 주요 정책현안에 대한 알권리가 있다. 주민들이나 지방의원이 공무원들을 상대로 질의나 협의할 때 문턱이 높게 느껴지는 이유가 무엇인가. 바로 '정보의 비대칭' 때문이 아닌가.

이런 '정보의 비대칭'을 해소할 수 있는 가장 직접적인 수단은 실시간으로 본회의와 상임위 회의를 중계하는 것이다. 각 사안에 따라 의원 간 입장 차이를 확인하고 주요

 어쨌든 지방의회

쟁점이 무엇이며 앞으로 어떤 조치가 이뤄질지 예상해 볼 수 있기 때문이다. 상임위와 본회의 전에 의원간담회를 통해 결론이 난 사안이라면 기계적으로 반복되는 회의 내용을 자칫 지루하게 느낄 수 있다. 정회 중에는 마이크가 꺼지고 속기가 중단되니 더 그렇다. 하지만 상임위와 본회의 모습이 실시간으로 주민들에게 생중계 또는 녹화중계가 된다는 것만으로도 지방의회의원들에게는 부담과 책임의식을 느끼게 하는 효과가 작지 않다. 집행기관의 간부들도 상임위 질의과정에서 예전처럼 사실과 다른 답변을 즉흥적으로 하기 곤란할 것이다.

방청객이나 시청자의 호응 정도에 따라 출연자와 스태프의 열의가 좌우된다던 어느 공중파 예능프로 PD의 인터뷰를 보며 고개를 끄덕인 적이 있다. 불특정 다수의 지지를 기반으로 하는 직업이라는 점에서 연예인과 정치인은 닮았다. 지금 이 시간 우리 동네 구의회에서는 무슨 회의를, 어떻게 하고 있는지, 회의는 잘 중계되는지 알아보자. 지방의원들이 유권자인 주민들을 의식하도록 열의를 표현해 보자. 오래 봐야, 자세히 봐야 사랑스럽다, 기초의회도 그렇다.

열심히 일한 지방의원만, 떠나라![*]

바야흐로 9월과 10월은 지방의회의 공무국외출장 시즌이다. 2025년 상반기는 비상계엄과 헌법재판소의 탄핵 심판선고, 제21대 대통령선거 등으로 온 나라가 어수선했다. 폭염과 폭우로 인한 재해 복구와 수습으로 숨돌릴 틈도 없이 7, 8월이 지났다. 11월과 12월은 연간 의사일정의 하이라이트인 행정사무감사와 예산안 심사가 있는 제2차 정례회가 있다. 제2차 정례회 전인 지금은 지방의회마다 미뤄놨던 해외연수의 시기이다.

지방의원에게 해외연수가 꼭 필요할까? 결론부터 말하면 지방의원에게 해외연수는 필요하다. 다만 원내 의정

---

*   이 글은 한국자치발전연구원이 발행하는 《월간 자치발전》 11월호에 게재된 필자의 원고를 일부 수정한 것이다.

활동을 열심히 한 의원만 해외연수에 참여하고 불법적인 관행은 개선한다는 전제로 말이다. 지방의원의 해외연수에 대해 말도 많고 탈도 많다는 것은 익히 알려진 사실이다. 하지만 조금만 따져보면 해외연수는 결코 지방의회만의 문제는 아니다. 전국의 모든 지방자치단체와 공공기관 소속 직원들은 연중 공무 국외 출장을 다녀온다. 직원 사기 진작이든 공모에 의한 것이든 포상이든 전국의 수많은 공무원들이 해외연수를 다녀온다. 지방의회의 해외연수가 외유성이라 문제라면 과연 이들의 해외연수 실태는 어떨까? 지난 4월 청주교대를 대상으로 실시한 종합감사 결과, 교육부는 청주교대에 신분상 조치[13명], 행정상 조치[20건], 재정상 조치 5,293만 6,000원 회수[3건] 등 총 13건의 처분을 요구했다.[*] 특히 주요 지적 사항 가운데 단기국외연수 후 제출된 결과보고서가 인터넷 게시물 요약 또는 표절 수준임에도 충실성·표절 여부 검증을 소홀히 한 사례가 포함되어 있다. 지방의회의 해외연수를 비판할 때 자주 봤던 익숙한 지적이 아닐 수 없다.

[*]   2025. 9. 3. 충북일보.

그뿐만이 아니다. 지난 8월 19일 전북자치도에 따르면 '전북특별자치도 공무원 후생복지에 관한 조례 일부개정조례안'이 9월 도의회에 상정된다.[*] 조례안은 장기근속·퇴직 예정 공무원과 그 가족을 위한 국내외 연수 및 시찰 조항을 삭제한 것이 핵심이다. 이를 대신해 국내외 시찰의 지원 대상을 모범·성과우수·적극행정 등 도정 발전에 기여한 공무원과 효행 공무원, 그 가족으로 바꿨다. 권익위의 제도 개선 권고에 따른 후속 조치다. 앞서 권익위는 지난 2021년 장기근속이나 퇴직 예정 공무원에게 고가의 여행 등을 지원하는 관행을 지양하라고 전국 지방자치단체에 권고했는데 전북자치도는 이제야 관련 조례를 개정하는 셈이다. 해당 조례안은 9월 도의회를 통과하면 10월 공포될 예정이다. 한편, 지난 6월 인천 자치구 가운데 인구수가 가장 적은 동구에서 공무원 해외연수 예산이 가장 높게 편성돼 논란이 있었다.[**] 인천 10개 군·구 중 공무원 해외연수 예산을 가장 많이 편성해 논란이 일었던 동구의 추가경정예산안이 결국 본회의를 최종 통과했다. 이로써 동구

[*]   2025. 8. 19. 노컷뉴스.
[**]   2025. 6. 26. 경인방송.

공무원 152명은 5억 8,600만 원을 들여 해외연수를 나갔다. 현재 동구는 공무원 수가 가장 많은 서구[1,479명, 1,400만]과 부평구[1,418명, 2,000만 원]의 국제화 여비보다 30배에서 46배가량 높게 책정됐다. 과천시는 2024년 5월부터 1년간 2억 9,000만원의 예산을 들여 105명의 공무원이 해외연수를 다녀왔다.[*] 이를 두고 일각에서는 "공무원 6명당 1명이 해외에 다녀온 셈"이라며, "다른 지자체와 비교해도 이례적인 규모"라고 평가했다. 이렇듯 해외연수 문제는 지방의회만이 아니라 세금을 집행하는 공공기관 종사자 모두에게 해당하는 사안이다.

물론 수해 피해와 경기침체로 민생경제가 어려운데 지방의회가 국외연수를 추진하는 것은 주민들의 눈높이에서 적절하지 않게 보일 수 있다. 이를 의식해서 2026년 6월 지방선거를 앞두고 전국 지방의회 곳곳에서 국외출장 취소 분위기도 적지 않다. 지방의원들의 해외연수가 구설에 오른 것은 어제오늘의 얘기가 아니다. 정확히 말하면 공무원들도 마찬가지다. 분명한 점은 해외연수 자체가 논란이 될

* 　2025. 6. 19. 경기일보.

 　　　　　　　　　　　　　어쨌든 지방의회

이유는 없다는 것이다. 지방의원들의 해외연수가 외유성으로 비치고 구설에 오르는 데는 예산 부정집행과 사건사고, 그리고 지역의 아픔과 시기를 아랑곳하지 않는 태도가 주민들의 노여움을 사기 때문이다. 예기치 못한 자연재해를 비롯해 고물가로 한 집 건너 '임대'가 나붙는 등 경기침체가 이어지는 상황에서 '주어진 예산을 쓰자'라는 식은 곤란하니까. 목적이 아무리 건전하더라도 주변 정황을 고려할 필요가 있다.

다시 말하지만, 지방의원과 공무원 등의 모든 공직자에게 해외연수는 중요하다. 선출직이든 일반직 공무원이든 이들이 보고 듣고 느끼는 모든 것은 직접·간접적으로 공적 영역에 영향을 끼치기 마련이다. 공직자도 사람인지라 휴식이든 재충전이든 필요하다. 적은 인원이더라도 매년 외국대학의 석사과정에 진학하는 공무원에게 국가가 학비를 지원해 주는 이유도 비슷하다. 물론 불필요한 구설수를 예방하기 위해 공무 국외 출장 심사 과정을 투명하고 까다롭게 바꾸고 연수 후 결과보고서를 지금보다 구체적으로 제출하도록 관련 절차를 보완해야 한다. 외유성 해외연수가 지방의회만의 문제인 것처럼 호들갑을 떨 일은 아니다. 2000년대 초 장안의 화제였던 어느 카드회사의 카피문구가 있다. '열심히 일한 당신, 떠나라' 이를 공직자의 해외연수 필요성을 알기 쉽도록 표현만 약간 바꿔보자. 열심히 일한 지방의원(또는 공무원)만, 떠나라!

故 송해와 상임위원장

구의회 전문위원으로 이직하고 몇 년쯤 지났을 때였다.
추경안추가경정예산안을 심사할 예결위예산결산특별위원회의
위원장으로 선출된 Y 의원이 어느 날 의원실로 나를 조용
히 불렀다. 초선에 야당인데도 Y 의원은 운 좋게 예결위원
장으로 선출되었다. 차를 한 모금 마신 Y 위원장이 내게 넌
지시 물었다.

"전문위원님, 위원장이 회의 진행을 어떻게 해야 잘하는
거예요? 처음이라 감이 안 오네."

나도 당황스럽긴 마찬가지였다. 지방의회 상임위원장
이나 예결위원장을 어떻게 하면 좋다는 매뉴얼이 따로 있
는 것도 아니고 위원장의 역할을 A부터 Z까지 들어본 적도

없으니까. 고작해야 지방자치법이나 구의회 회의 규칙에 있는 위원장의 권한 규정을 아는 것이 전부였다. 두서없이 떠오르는 생각은 있었지만, 그날은 원론적인 수준에서 짧게 답변하고 의원실에서 나왔다. 그때가 처음으로 지방의회 상임위원장과 예결위원장의 회의 진행에 대해 진지하게 생각해 본 계기였다.

그러고 보면 국회 상임위원장을 더 많이 차지하기 위해 여야가 치열하게 다투는 광경은 익숙한 뉴스이다. 도대체 상임위원장이 뭐길래. 국회의 경우 통상 3선 의원이 맡는 18개 상임위원장은 정당 의석수에 비례해 나눈다. 상임위원장은 '국회의원의 꽃'으로 불린다. 대내외 행사에서 장관급 예우를 받는다. 상임위 사회권을 갖고 있고, 지역구 예산확보에 유리하다. 피감기관을 통해 지역구 민원을 해결하는 경우도 적잖다. 국회 본청에 넓은 사무실을 제공받는다. 특활비 폐지로 타격은 입었지만 지금도 월 300만 원을 쓸 수 있다. 자신이 200만 원을 쓰고 여야 간사에게 50만 원씩 주곤 한다. 이 때문에 3선 의원들은 앞다퉈 상임위원장을 노린다. 자리는 한정됐는데 후보가 많다 보니 20대

국회 당시 통합당은 2년 임기의 상임위원장을 1년씩 쪼개서 맡기도 했다.[*] 아무튼 내가 궁금했던 점은 상임위원장의 권한이나 혜택이 아니라 회의진행에 한정된 것이었다.

얼마간의 시간이 지나고 나는 Y 의원에게 KBS 전국노래자랑의 장수 MC였던 고故 송해의 사례를 말씀드렸다. 출연자 이름과 곡명만 기계적으로 소개하는 것이 진행자의 역할이 아니며 특이한 출연자는 일부러 우스꽝스러운 에피소드를 유도해 시청자에게 보는 즐거움을 주면서 프로그램 전체의 완급을 조절하는 게 MC 송해의 장점이라고 설명했다. 동료의원들의 질의를 적당히 칭찬하거나 요약하고 집행기관 공무원들의 답변 태도를 단속하며 적절한 타이밍에 정회를 선포해 회의장의 열기를 식힐 줄 알아야 예결위원장의 존재감 뿜뿜이 될 거라고 말이다. 예결위 회의의 시작과 끝은 결국 위원장의 입에서 시작하고 끝난다는 점도 잊지 않고 강조했다. 무대 격인 회의장뿐 아니라 무대 밖에서도 예결위원장은 본인이 하기에 따라 다양한 의제를 주도할 수 있다고 덧붙였다. 내 설명을 들은 Y 의원의 표정에서는 안도감이 느껴졌다. 상대적으로 소장파에 속하고 구의원으로 당선되기 전까지 크고 작은 사회 경험을 쌓았던 Y 의원이라 금방 감을 잡은 것 같았다. 회의 진행만큼은 송해를 닮아보자는 비유에 나 자신도 무척 만족스러웠다. Y 의원은 자신감을 가지고 회의에 임할 수 있었다.

아뿔싸! 임시회가 끝나갈 무렵 중요한 사항을 빼먹은 것을 뒤늦게 깨달았다. 예결위원장이든 상임위원장이든 회의 진행은 생방송이지만 전국노래자랑은 녹화방송이라는 점이다. 방송 MC와 회의진행자는 전제조건부터 큰 차이가 있다. MC 송해의 유머나 능청스러운 애드립은 아무리 길어도 상관이 없다. 전체 방송 시간에 맞춰 제작진이 싹둑 자르고 이어 붙이면 그만이니까. 반면에 늘 생방송인 상임위 회의를 무작정 전국노래자랑처럼 진행할 수는 없는 노릇인데 MC 송해처럼 하시라고 조언했으니 아차 싶었다. 천만다행으로 Y 의원은 개떡 같은 전문위원의 조언을 찰떡같이 소화해 회의 중간중간 멘트를 순발력 있게 편집해 전체 회의 시간을 조절했다. 아주 잠깐이었지만 이마에 식은땀이 흘렀던 기억이다. Y 의원이 내 조언을 곧이곧대로 이해해 행동했다면 어쩔 뻔했을까. 얼핏 보면 단순히 직원이 써준 시나리오대로 읽고 의사봉만 두드리면 될 것 같지만 막상 상임위원장이 회의 진행을 물 흐르듯이 잘하는 것은 결코 쉬운 일이 아니다.

그동안 다양한 상임위원장, 예결위원장을 접하면서 좋은 위원장의 요건으로 꼭 추가하고 싶은 한 가지를 꼽는다면 바로 잘 듣는 것이다. 잘 듣는 것이 얼마나 중요하면서도 어려운지는 익히 잘 알고 있다. 잘 듣는다는 것이 결코 예스맨도 아니고 돌부처처럼 그저 듣기만 하는 것도 아니다. 좋은 듣기의 관건은 '말을 하는 사람이 얼마나 마음을 열 수 있느냐'라고 본다. 흥미로운 점은 상임위를 무난하게 이끄는 위원장일수록 '잘 들을 줄 안다'라는 공통점이 있었다. 그들은 자기가 듣고 싶은 대로 상대의 말을 듣지 않으며 상대가 정말로 하고 싶은 말을 잘 포착했다. 단순히 눈치가 빠르다는 표현으로는 설명이 부족하다. 개성이 강하고 주목받기 좋아하는 '기가 센' 선출직 의원들을 상대로 상임위원장 역할을 무난하게 수행하는 것은 만만치 않은 일이다. 잘 들을 줄 아는 위원장일수록 정치적 역량도 높을 수밖에 없다. 동료의원의 욕구나 의사 표현의 핵심을 세심하게 파악할 줄 아는 위원장의 말이 어떻게 영향력이 없겠는가? 2025년 8월 저자강연에서 "말을 잘하려면 어떻게 해야 할까요?"라는 청중의 질문에 은유 작가는 "잘 들어야 합니다"라고 명료하게 답한 적이 있다. 그러면서 은유 작가는 일본의 유명 영화감독 고레에다 히로카즈에게 어느 청중이 "좋은 배우는 어떻게 해야 할까요?"라고 물었더니 역시 감독의 답변도 "잘 들어야 합니다"였다고 말해서 객석의 청중 모두가 웃었던 적이 있다. 질문은 달라도 답변은 같았다. 분야는 달라도 일정한 경지에 도달하기까지 잘 듣는 태도가 얼마나 중요한 일인지 알 수 있는 말이다. 이는 그만큼 타인의 말을 경청할 줄 아는 사람이 적다는 반증이 아닐까. 고인이 된 MC 송해도 출연자의 말과 정서를 누구보다 잘 포착했기에 최장수 MC가 되지 않았을까 싶다. 상임위를 잘 이끌고 싶은 의원이라면, 스스로한테 자주 묻자. 나는 상대의 얘기를 얼마나 적극적으로 듣는가?

뒷담화

"행복한 지방의회 전문위원은 모두 모습이 비슷하고, 불행한 지방의회 전문위원은 모두 제각각의 불행을 안고 있다."

_ 이일우

사람이 모인 곳이면 어디든 뒷담화가 있기 마련이다. 직장 상사든 시어머니든 대통령이든 그 자리에 없는 이를 험담하는 것이야말로 손쉬운 스트레스 해소 방법이니까. 반면에 뒷담화를 당하는 입장에서는 그리 유쾌하지 않은 것도 사실이다. 아전인수我田引水와 침소봉대針小棒大야말로 뒷담화의 원칙이 아닌가. 나의 어공 전문위원 생활은 뒷담화와의 전쟁이었다고 해도 과언이 아니다. 가령 집행기관 직원들이 내 검토보고서를 일방적으로 비난하거나 폄하하는 일은 흔했다. 그들의 심정을 이해 못 하는 것은 아니다. 오랫동안 공들인 부서의 사업이나 조례안에 관해 신중한 검토가 필요하다는 식의 검토보고서를 어느 부서장이 좋아할까. 의회사무기구 직원들의 뒷담화도 비슷했다. 지방의회의 인사권이 독립되기 전에는 의회사무기구에서 1~2년 근무하다가 집행기관으로 돌아가는 것이 관행이었다. 물론 인사권이 독립되고 몇 년이 지난 2026년 1월 현재도 '파견' 형식으로 그 관행은 여전히 유지되고 있다. 친親 구청장 또는 친親 집행기관 입장에서 원내 의정활동을 하는 기초의원일수록 공무원을 힘들게 하는 전문위원을 떨떠름하게 여기기 쉽다. 국회나 광역의회의 경우 전문위원의 검토보고서가 비판적일수록 고심을 많이 하고 공을 들인 것으로 칭찬을 받는 반면 공무원과 오랫동안 형님, 동생처럼 지내는 기초의회일수록 집행기관에 비판적인 검토보고서를 불편하게 여겼다. 기초의회의 이런 조직문화는 오랜 관행이므로 어공 전문위원은 언행에 특히 유의해야 한다. 국회나 광역의회의 상식과 기초의회의 상식은 사뭇 다르기 때문이다. 어느 구의회에서는 정년 퇴임을 앞두고 6개월간의 공로 연수에 들어가는 의회사무국의 모 의정 팀장이 마지막 출근일에 몇몇 의원들에게 나를 뒷담화했다가 머쓱해진 일도 있었다. 낼모레면 환갑인 나이에 정년 퇴임을 앞둔 마지막 출근일에 고작 한다는 말이 얼토당토아니한 임기제 전문위원 험담이었으니 그 팀장의 모습이 의원들에게 좋게 보였겠는가. 그런 상황을 전해준 의원도 나도 씁쓸하긴 마찬가지였다.

도대체 사람들은 왜 뒷담화를 할까.《자존감 수업》의 저자이자 정신과전문의인 윤홍균 작가는 사람들이 험담하는 이유를 질투 때문이라고 봤다. 그가 SNS에 올린 험담에 대응하는 몇 가지 팁을 보고 공감을 많이 했는데 일부 내용을 인용해 본다.

"여러모로 알아봤는데, 역시나 가장 큰 원인은 질투 때문이다. 자신이 가지지 못한 것을 누군가 가지고 있거나, 자신이 가지고 있는 것을 뺏길 것 같은 위험이 느껴질 때 우리는 험담을 한다. 그 사람의 평판을 깎아 먹거나 그 사람의 기분을 나쁘게 하기 위해 말도 안 되는 단점이라도 만들어서 부각시킨다. 그러니 험담을 당했다는 것은 두 가지 사실을 반영한다. 첫 번째는 당신이 그 집단에서 위협이 되고 있다는 것. 두 번째는 사람들은 당신을 두려워한다는 것이다. 대세에 지장이 있을 것 같으니 공격을 하는 것이고, 전면에 나서서 붙어볼 만큼 만만치는 않으니 뒤를 노린다. 특히 당신이 험담 당했다는 사실을 전해주는 동료를 조심해야 한다. "험담을 당했을 때 멘탈이 얼마나 흔들리는지" 알아보기 위해 당신을 떠보고 있을 확률이 높다. 그래서 험담을 당했다는 사실을 알았을 땐 준비된 표정으로 너털 웃음을 지어야 한다. 표정을 갑옷이라고 생각해야 한다. 공격을 받아들이는 것은 당신의 마음속 깊은 자아가 아니라 얼굴 근육이다. 얼마나 내가 표정을 단련했는지가 이때 반영된다. 허술하게 한방에 뚫려 버리면 상대는 집요하게 파고들 것이다.(이하 생략)"

열등감을 감추려는 마음이 강해질수록 타인의 약점을 들춰내 상대적 우월감을 느끼려 한다면서 오스트리아의 의사이자 심리학자인 알프레트 아들러Alfred Adler, 1870~1937는 이를 '열등감 콤플렉스'라고 설명했다. 하지만 그 우월감은 일시적일 뿐이다. 관계는 점차 피로해지고 결국 고립만 깊어진다. 20년 가까운 직장생활 경험상 뒷담화와 이간질은 높은 상관관계가 있다.

유치하게 들리겠지만 뒷담화, 이간질이라는 말을 들으면 떠오르는 인상적인 캐릭터가 있다. 1990년대 초 인기리에 방영된 TV 애니메이션 머털도사 시리즈의 2편인 〈머털도사와 108요괴〉를 낄낄대며 시청했다. 주인공인 머털이의 어리숙한 캐릭터나 유머도 재밌었지만 극 중에서 108요괴의 하나로 나왔던 '이간질 요괴'가 인상적이었다. 청소년 시청자를 대상으로 제작된 애니메이션에서 '이간질 요괴'를 빌런으로 등장시킨 작가의 상상력과 통찰력에 박수를 보내고 싶다. 흔히 요괴라고 하면 머리에 뿔이 달리거나 입술 양쪽에 송곳니가 툭 튀어나오고 이목구비가 제멋대로 생겨 흉측하고 난폭하게 묘사되곤 했다. 이간질 요괴는 눈꼬리가 양옆으로 가늘게 찢어진 것 말고는 겉보기에 평범한 외모였다. 하지만 그런 겉보기와 달리 행동이 달랐다. 이간질 요괴는 등장하자마자 주인공 머털이와 여자친구 묘선이 사이를 왔다 갔다 하면서 끊임없이 확인되지도 않은 말로 둘의 사이를 험담했다. 마치 두 주인공이 멀쩡하게 지내면 큰일이라도 날 것처럼 이간질 요괴는 한시도 가만히 있지 못했다. 아무리 애니메이션이라지만 이간질도 요괴로 쳐줄 정도로 인간사에서 주요 경계 대상이라는 것을 그때 처음 느꼈다.

중국의 고서《한비자》에 삼인성호三人成虎라는 말이 나온다. '세 사람이 입을 맞추면 없던 호랑이도 만들어낸다'라는 말로 거짓임에도 여러 사람이 반복해서 이야기하면 진실인 것처럼 받아들여진다는 뜻이다. 한 구인·구직 사이트가 직장인 890명을 대상으로 한 설문조사 결과를 보면, 응답한 직장인의 89%가 '직장에서 말실수로 인해 곤란을 겪은 적'이 있는 것으로 나타났다. 그런데 특히 가장 많이 한 말실수가 바로 '상사, 동료, 후배, 회사에 대한 뒷담화 실수'27.6%였다고 한다. 직장에서 특정인에 대해 안 좋은 이야기를 다른 사람에게 퍼뜨리는 행위는 직장 내 괴롭힘에 속하고, 이는 2019년 7월 16일 근로기준법 내에 직장 내 괴롭힘 금지가 명문화돼 위반 시 처벌될 수 있다. 누군가가 나에 대해 뒷담화를 한다면 결코 유쾌한 일은 아니다. 게다가 이러한 뒷담화 혹은 '카더라 통신'은 실제 사실이 아닌 경우가 많다는 데 문제가 있다. 더욱 큰 문제는 사실이 아닌데도 일단 소문이 퍼지고 나면 타격이 심각하다는 데 있다.[*]

* 2019. 11. 21. 세계일보, "[이동귀의 상담카페] 뒷담화에 상처받는 영혼들"

  어쨌든 지방의회

어공 전문위원으로 일하는 동안 집행기관과 의회사무국을 가리지 않고 뒷담화 때문에 괴로웠던 순간이 많았다. 내가 구청장과 다른 정당 출신이라서 비판적이라느니, 안하무인이라느니, 갑질을 한다느니, 검토보고서를 쓸데없이 길게 쓴다느니 등등이 그것이다. 당연히 전부 사실무근이다. 대체로 기초의원은 원내 의정활동에 관심이 적다 보니 의회 운영과 사무기구 조직을 세심하게 파악하기 어렵다. 의회 입장에서 일하려는 전문위원이 정작 의원들로부터 세심하게 보호받지 못하는 상황에 놓인 것이다. 등잔 밑이 어두운 격이다.

하지만 이것 또한 언제 그랬냐는 듯이 지나갔다. 1년 6개월의 셀프 안식년 동안 조직 밖에서 지내니 뒷담화를 들을 일이 적었고 달리 생각해 볼 심적 여유도 생겼다. '나를 잘 모르면서 뒷담화하는 그 사람이 문제다', '내가 왜 그 사람의 단점 때문에 괴로워해야 하나', '내가 응징하지 않아도 그 사람은 그 단점 때문에 언젠가는 곤란을 겪을 것이다'라고 나부터 다독이기 시작했다. 지방의회의 존재 이유는 시간이 갈수록 더욱 중요해질 것이므로 나에 대한 일부

의 오해도 시간이 지나면 분명히 해소될 거라고 믿기로 했
다. 그러다 보니 뜻하지 않게 기분 좋은 일이 벌어지기도
했다. 뒷담화를 많이 들었던 옛 직장 두 곳 모두에서 의회
사무국 직원 대상 교육의 강사로 나를 정식으로 불러준 것
이다. 금의환향錦衣還鄕까진 아니더라도 새옹지마塞翁之馬가 따
로 없었다. 2023년 11월경 그중 한 곳에서 교육을 마치고
집으로 가는 전철을 타자마자 내 안에서 뭔지 모를 감정이
몽글몽글 일어났다. 당시 내 업무 일기에 이렇게 적어놓았
다. "한바탕 굿판을 벌인 것처럼 속이 다 후련했다." 그렇다.
아무리 노력해도 다른 사람을 바꿀 수는 없다. 그 사람은
그가 부르고 싶은 노래를 부르게 두고, 나는 내 노래를 부
르자. 이제는 습관처럼 타인을 이간질하는 사람은 거리를
두는 편이다. 건전한 비판과 단순한 이간질을 하는 사람을
판단하는 나의 기준은 평소에 자신을 얼마나 치열하게 성
찰하고 본연의 업무에 충실한가이다. 이번 기회에 끊임없
이 이간질하는 버릇이 있는 사람에게 박찬욱 감독의 영화
〈친절한 금자씨〉의 유명한 대사를 날리고 싶다. "너나 잘하
세요!"

     어쨌든 지방의회

8할이 불안

대추 한 알

– 장석주

저게 저절로 붉어질 리는 없다.

저 안에 태풍 몇 개

저 안에 천둥 몇 개

저 안에 벼락 몇 개

저게 저 혼자 둥글어질 리는 없다.

저 안에 무서리 내리는 몇 밤

저 안에 땡볕 두어 달

저 안에 초승달 몇 날

대추 한 알이 익는 데도 저렇게 많은 우여곡절을 거친다. 사람이든 자연이든 겉으로 보이는 것만으로는 함부로 단정하기 조심스러운 이유이다. 어느 시인은 자신을 키운 8할이 바람이라고 했던가. 고백하자면 나를 키운 8할은 불안이다. 이렇게 말하면 직장 동료들은 못 믿겠다는 표정이 대부분이다. 가끔 외부 강의도 하고 상임위에서 곧잘 발언도 하니 도저히 못 믿겠다는 반응이 당연하다. 전문위원 경력이 9년이라지만 내가 여전히 상임위 회의를 앞두고 불안해한다는 것을 그들은 전혀 짐작하지 못할 것이다. 검토보고서의 논리나 근거가 엉터리라거나 오탈자가 나올까, 잘 모르는 내용을 의원들이 물어보면 어쩌지 불안해하면서 과민성대장증후군을 친구처럼 데리고 사는데도 말이다. 매일 업무 일기를 적고 유용한 정보를 스크랩해 두는 네이버 밴드에서 가장 자주 기록한 키워드가 '불안'일 정도다. 40대 때까지만 해도 '하루라도 마음 편히 살아봤으면 소원이 없겠다······.'는 말을 입에 달고 살다시피 했다. 어찌 보면 30~40대 동안 심리상담, 리더십 프로그램이나 영화, 북토크 행사에 유독 관심이 많았던 것도 다른 고상한 이유보다도 이런 내 기질적 특성이 큰 몫을 차지했다.

 어쨌든 지방의회

살기 위해서, 어쩌다 보니 불안을 잠재우기 위한 나만의 루틴도 생겼다. 오전 출근 시간이 그렇다. 아파트 현관문을 열고 나오면서 버릇처럼 늘 짧은 기도문을 되뇐다. "주님, 오늘 하루도 주님께서 보시기에 아름다운 전문위원으로 일할 수 있도록 성령의 은총으로 도와주소서." 엘리베이터를 타고 1층까지 내려가는 동안엔 "주님, 자비를 베푸소서"를 세 번 반복한다. 버스를 타고 다음 정류장까지 가는 동안 차창 밖으로 동네 성당 외벽에 새겨진 기도하는 소녀 그림^{2025년 봄까지는 故 프란치스코 교황의 대형 사진이 걸려 있었다}이 보이면 속으로 '주님, 자비를 베푸소서'를 다시 세 번 반복한다. 퇴근 시간엔 출근 시간과 역순으로 기도한다. 이 짧은 기도는 지방의회로 출퇴근하는 지난 9년간 아침·저녁마다 해온 의식儀式이다. 사무실에 도착하면 루틴이 하나 더 있다. 설탕이 적은 스테비아 봉지 커피 한 박스를 사무실 책상 서랍에 두고 오전과 오후에 각각 두 개씩 뜨거운 물에 타서 마신다. 봉지 커피 두 개를 스테인리스스틸 재질의 머그컵^{용량 414㎖}에 털어 넣고 컵을 약간 기울였을 때 바닥의 한쪽 구석이 살짝 보일 만큼만 물을 붓는다. 봉지 커피 두 개에, 컵의 바닥이 보일락 말락 정도로 물을 적게 넣어 에스프레소처럼 진하게 마신다. 마치 그날 커피의 농도가 불안의 정도와 비례하는 것처럼 지금도 상임위 회의가 있는 날이면 평소보다 물을 조금 더 줄여서 진하게 탄 커피를 마신다. 따뜻한 커피가 냉커피로 될 때까지 천천히 음미하며 한 모금씩 마신다. 오래된 습관이다. 그만큼 전문위원으로서 많이 부족하다면서 늘 불안해 했다. 지방의회 전문위원 업무를 처음으로 시작했던 2015~2016년과 비교하면 요즘은 마음이 훨씬 편안해졌다. 나름 업무 노하우도 생겼고 불안을 대하는 나의 시선 자체가 많이 달라졌다.

건국대병원 정신건강의학과 하지현 교수는 "모호한 걸 견디는 능력이 인생의 내공"이라고 말했다.[*] 철학자 강용수는 불안의 원인을 '남이 나를 어떻게 평가할까'에 대한 지나친 걱정에 있다고 봤고 그래서 자신을 이 세상에서 어느 누구와도 비교할 수 없는 존재로서 가치가 있다는 것을 믿어야 한다고 강조했다.[**] 적당하다는 기준이 사람마다 워낙 다른 것이 문제지만 '적당한' 긴장이나 불안은 결코 나쁜

---

[*]   2025. 1. 10. 문화일보, "정신과의사의 서재, 하지현 건국대 정신건강의학과 교수"
[**] 2024. 10. 29. 동아일보, "강용수의 철학이 필요할 때"

  어쨌든 지방의회

것이 아님은 이미 학자들의 일치된 의견이다. 나도 지난 20여 년간 불안 때문에 힘들었던 적이 많았지만, 불안 덕분에 얻은 성취가 적지 않으니 새옹지마塞翁之馬라는 말이 절로 나온다. 공직자는 되고 싶은데 객관식 위주의 정형화된 공무원 시험은 잘할 자신이 없고 대안이 없는 진로 불안을 해소하고자 그나마 자신이 있던 영어와 논술시험에 도전해 무작정 대학원을 서울로 진학했다. 직장생활 내내 불안했기 때문에 종교 생활 외에도 틈만 나면 영화감상과 독서, 저자강연과 글쓰기 강좌 수강을 멈추지 않았다. 인문학이 좋기도 했지만, 잠자코 있으면 무슨 일이라도 벌어질 것처럼 불안했다. 불안 덕분에 업무 효율이 향상되기도 한다. 전문위원 검토보고서를 임시회 개회 전까지 제출하려고 평소에 언론보도나 각종 연구결과를 눈여겨보고 미리미리 자료조사를 해두었다. 그 덕분에 정해진 기한에 각종 정보를 취사선택하여 원고를 작성하는 습관이 저절로 몸에 배었고 책쓰기까지 연결된 것 같다. 의원들에게 별로 도움이 안 되는 전문위원이라는 소리를 들을까 봐 두렵고 싫어서 모르는 분야를 찾아서 계속 연구할 수 있었다. 20년 넘게 불안과 씨름해 보니 걸림돌인 줄로만 알았던 불안이 언제부터

인가 디딤돌로 재해석되기 시작했다. Oh My God!

하지현 교수는 《나는 왜 이유 없이 불안할까》^{창비, 2025}에서 "불안은 사라질 수 없지만 길들일 수는 있다"라고 말한다. 잘만 길들이면 삶의 원동력이 된다는 것이다. 불안이 뭔지를 이해부터 하라고 충고하는 저자는 불안을 전혀 느끼지 않는 사람이 '매우 위험한 사람'이라고 말한다. "흔히 사이코패스라고 부르는 이들, 이런 사람들이 불안을 전혀 느끼지 않는 사람들"이라는 것이다. 저자는 "약간의 근심과 걱정은 배의 밑짐과 같다"라는 쇼펜하우어^{Arthur Schopenhauer, 1788~1860}의 명언을 인용한 뒤 다음과 같이 말한다.

"배는 밑짐이 꽤 단단하게 있어야 흔들리지 않고 앞으로 나아갈 수 있다고 해요. 불안, 근심과 걱정이라는 게 아예 없으면 나라는 배가 오히려 흔들흔들해요. 부정적으로만 생각했던 이 감정들을 우리가 더욱 잘 살 수 있게 뒷배를 받쳐주는 존재, 인생의 상수 같은 것으로 생각해 보시면 좋을 것 같습니다."

울렁거리며 요동치는 불안한 마음을 다스리는 데 도움

 어쨌든 지방의회

이 되는 조언이 아닐 수 없다.

"누구나 흔들린다, 불안을 인정하라". 불안을 극복하지 않으면 안 될 것 같은 불안으로 프로스포츠의 멘털 코칭을 참고하기도 했다. 멘털 코칭이라는 말은 '정신력 강화 훈련' 같은 느낌이 든다. 실제 멘털 코칭은 기본적으로 선수가 마음과 머리, 몸 사이의 관계를 인지하는 방법을 가르치는 데 초점을 맞춘다고 한다. 그러려면 일단 선수가 감정을 있는 그대로 받아들이고 또 있는 그대로 드러내는 법을 알아야 한다. 야구 선수가 일상적으로 제일 많이 느끼는 감정은 뭘까. 미국 프로야구 메이저리그MLB를 60년 넘게 취재한 기자이자 책 17권을 펴낸 작가인 레너드 코페트Leonard J. Koppett, 1923~2003의 대표작 《야구란 무엇인가》에 힌트가 들어 있다. 코페트는 이 책 첫 문장에 낱말을 딱 하나 쓰고 나서 마침표를 찍었다고 한다. '두려움Fear.' 이럴 때는 '호랑이에게 물려 가도 정신만 차리면 산다'라는 속담이 떠오른다. '정신일도하사불성精神一到何事不成'이라는 여덟 글자를 떠올릴 수도 있다. 하지만 멘털 코칭에서는 불안한 감정을 억지로 다스릴 필요가 없다고 제안한다. "이런 생각을 하면 안 돼. 이렇게 생각해야 해"라고 마음을 고쳐먹는 게 아니라 그 감정을 있는 그대로 받아들이면 된다는 것이다. 멘털 코칭은 운동선수만을 위한 훈련법이 아니다. 누구든 흔들릴 수 있기에 모두가 그 흔들림을 다룰 수 있어야 한다. '내일은 내일의 해가 뜬다'라는 말은 그저 위로가 아니다. 흔들리는 마음을 있는 그대로 받아들이고 '그래도 괜찮다'라는 마음가짐으로 하루하루를 살아가면 된다. 부정적인 마음을 애써 억누르려 하지 않을 때 우리는 비로소 그 마음을 제어하는 힘을 얻는다.* 영화 〈위대한 쇼맨〉의 OST 'This Is Me'처럼. "그래, 이게 내 모습이다"라고 인정하는 것부터가 불안을 친구로 만드는 첫걸음이다.

<hr>

* 2025. 6. 28. 동아일보, "불안할 땐 루틴이 약… 선수들 마음 치료하는 '멘털 코칭'"

누가 나의 이웃인가

쑥스러운 고백이지만, 30대 초반에 천주교의 수도회 입회를 진지하게 준비했었다. 모든 게 낯설고 어설프던 대전 촌놈이 대학원 진학을 위해 서울로 와서 월세 15만 원의 고시원 생활을 하던 시절이었다. 어렵사리 입학한 대학원 석사과정 첫 학기인 2001년 4월 식목일 전후 며칠 동안 심한 몸살을 앓은 나는 도망치듯 휴학했다. 대학원의 전체 교과과정은 학부 때와 유사했지만 부동산 개발 관련 학과목은 이질적이기만 했다. 공적인 일을 해보고 싶다는 방향만 뚜렷할 뿐 도무지 그 경로를 알 수 없었다. 우연히 성당의 주보에서 봤던 J수도회 주최 청년 대상 피정避靜에 참석한 인연으로 매주 토요일 오후 수도회 지원자 모임에 2년간 다녔다. 말벗도 없고 가난한 자취생이 공짜로 맛있는 밥을 먹고 따뜻한 대화를 나눌 수 있는 것만으로도 그곳은 천

국이었다. 하지만 신부 5명이 개별 면담으로 진행한 입회 심사 결과, 나는 입회가 거부됐다. 나한테 성소^{聖召―성직에의 부르심}가 없다고 공식적으로 영적 식별을 판정받은 셈이다. 도대체 내 길은 어디에 있단 말인가. 피정하는 기분으로 휴학 기간 동안 가톨릭 출판사의 월간 잡지 《소년》 편집부와 검정고시학원에서 일했다. 쓰린 가슴을 안고 휴학 후 2년 만인 2003년 3월 대학원 석사과정에 다시 복학했다. 신약성경에 나오는 탕자의 비유^{누가복음 15장 11~32절}가 절로 떠올랐다. 방탕하게 지내며 가진 돈을 모두 탕진하고 돌아온 아들을 반기는 넉넉한 아버지 같은 존재는 대학원에 없었다. 조기에 석사학위를 취득하겠다는 포부는커녕 서울 생활을 유지하기 위한 궁여지책에 불과했다. 그땐 평생직장 선택도 대학원 전공 공부도 딱히 눈에 들어오지 않았다. 관악산 자락의 울창한 숲을 배경으로 한국건축가협회상을 받았다는 대학원 건물만 2년 전과 똑같았다. 물론 도시개발, 부동산 등 도시계획을 연구하는 대학원의 학문적 분위기는 휴학 전이나 마찬가지로 여전히 낯설기만 했다. 논문의 주요 연구방법인 계량분석은 수포자인 내게 그야말로 넘사벽이었다. 학부 때 행정고시 공부를 하다 차선책으로 선택한 진로

가 대학원 진학이었으니 누굴 원망할 수도 없었다. 대학원 입학 동기들은 졸업논문을 쓰고 있는데 휴학했다가 복학한 나는 2년 후배들과 강의를 들어야 했다. 우여곡절 끝에 꾸역꾸역 졸업학점은 채웠지만 교내에 있는 대학생활문화원에서 진행하는 집단심리상담, 개인상담, 리더십 프로그램을 훨씬 열심히 쫓아다녔다. 석사과정 내내 "나는 왜 대학원에서 '비주류'일까, 내가 있어야 할 곳은 어디일까" 되뇌며 캠퍼스 이곳저곳을 쏘다녔다. 나중에 안 일이지만 이런 대학원 시절의 경험이 권익위 조사관과 지방의회 전문위원으로 일할 때 사람을 이해하는 매우 유용한 자산이 되었다.

2004년경 석사 3학기로 접어들었을 때였다. 한국도시연구소 연구원으로 일하던 대학원 선배 N의 '관악구 신림동 난곡지역 원주민 심층면접' 알바 모집공고를 보자마자 무작정 지원했다. 따분하기만 하던 도시계획 분야에서 유독 '주거복지'라는 용어가 나를 사로잡았다. 재개발사업으로 인해 반강제로 떠밀려 나는 원주민들을 심층 인터뷰하는 알바를 신나게 했다. 달동네인 난곡지역은 당시 재개발

사업 과정상 주민 이주 단계였다. 한 집 건너 허름한 빈집들이 줄지어 있고 좁은 골목에는 이사하고 버려진 쓰레기가 아무렇게 놓여있었다. 그중에서 상대적으로 멀쩡해 보이는 단층 주택인지 근린생활시설인지 모를 건물의 사랑방에서 인터뷰를 진행했던 기억이 난다. 인터뷰에 응한 원주민들은 나보다 훨씬 연장자인 30대 후반~50대 여성들이었다. 강제 이주의 부당함과 재개발 제도의 미비점을 거칠게 성토하는 그녀들 앞에서 나는 고개만 주억거렸다. 미리 준비한 질문지를 보기 위해 흘낏흘낏하는 것조차 신경이 쓰여 질문의 순서와 내용을 키워드 위주로 암기하고 인터뷰에 임한 적도 있다. 구술하는 분을 방해할까 싶어 가급적 메모도 자제하고 사전에 양해를 구한 녹음기에 의존해 인터뷰이와 시선을 맞추려고 애썼다.

두 달쯤 지나 심층면접 알바는 끝났지만, 나는 N선배를 계속 만나고 싶었다. 4학기에 작성할 졸업논문 주제를 주거복지 분야에서 잡고 싶었기 때문이다. '지역사회 정착을 위한 노숙인의 주거지원 프로그램 연구'라는 나의 석사논문은 그렇게 시작됐다. 현장을 알고 싶어 노숙인을 위한 시민단체 모임에서 매주 실시하는 청량리역과 종로 등의 아웃리치 현장에 1년간 참여했다. 12월 서울역 광장에서 노숙인 문화제의 일환으로 열린 연극에서 시민단체 회원, 노숙경험자분들과 함께 역할을 맡아 무대에 섰던 경험을 잊을 수가 없다. 그날 초대 가수로 왔던 가수 정태춘 님과 처음으로 인사를 나눈 곳이 무대 뒤였다. 열악한 주거환경을 개선하기 위해 지금도 현장을 지키고 있는 수많은 활동가들에게 미안할 따름이다.

가만히 돌이켜 보면 나한테 공직자로서 초심初心은 석사 논문을 작성하던 이때의 심정인 것 같다. 학술적인 엄밀함은 턱없이 부족했지만 불공정한 사회에 대한 분노가 넘치던 시절이었다.

계량 분석이 아니라는 이유로 한 차례 최종 논문심사에서 고배를 마시는 우여곡절 끝에 2006년 여름 석사학위 수여식에 참석할 수 있었다. 수여식이 끝나고 함께 사진을 찍고 싶다는 내게 대학원 은사님이신 이정전 교수님께서 던진 농담이 생생하다. '이군은 뭐가 그렇게 좋아서 계속 웃나?'. 그랬다. 남들은 2년 만에 졸업하는 석사과정을 휴학기간까지 포함해 5년 만에 졸업했으니 어찌 기쁘지 않을 수 있겠는가. 고작 석사 졸업생이었고 세상에서 발에 차이는 게 석사라지만 조금 과장하면 난 세상을 다 가진 기분이었다. 학위수여식이 있기 한 달 전쯤 석사졸업 예정자 신분으로 권익위^{당시 국민고충처리위원회} 조사관 공채시험에 최종 합격했기 때문에 더 그랬을지도 모른다. 그땐 소명의 실마리라도 잡은 것처럼 마냥 들떠있었으니 웃음이 삐져나오는 걸 참을 수가 없었다.

한술 더 떠서 학위 수여식장에 원색의 석사학위 가운을 입고 있는 내가 마치 천주교 사제서품식의 부제^{副祭}라도 된 것 같은 기분마저 들었다. 아주 잠깐 수도자를 꿈꾼 탓인지 박사 학위를 천주교 사제직으로 여겼던 것이 당시 나의 뇌피셜이었다. 천주교에서는 평신도와 수도자, 부제, 사제가 교회 내에서 할 수 있는 권한과 역할이 정해져 있다. 마치 학술, 연구 분야에서 학부 졸업자와 석사, 박사 학위 소지자가 할 수 있는 역할이 각각 다른 것처럼 말이다. 이런저런 이유로 여전히 박사 학위가 없지만 앞으로 교수가 되거나 연구자로 살고 싶진 않기에 별 상관이 없다. 인간사에 완벽한 제도가 있는가. 자유^{自由}는 자기의 존재 이유를 아는 것이라던 고^故 신영복 선생의 말씀처럼 박사과정 수료라는

　　　　　　　어쨌든 지방의회

부제 신분이지만 나만의 경험과 노하우로 지방의회 현장
에 기여하고 있으니 이만하면 됐다.

9년 동안 권익위 조사관 생활의 우선순위는 '고충마인
드'였다. 민원을 발생시킨 공공기관이 아니라 민원인의 입
장에서 사건을 검토한다는 의미이다. 지방의회로 이직하고
보니 신문방송에서 동네북처럼 항상 두들겨 맞는 지방의
회의원들이 사실은 관료집단에 비해 약자라는 것을 깨닫고
분노했다. 주민들의 대표인 지방의회의원들은 관료집단의
틈바구니에서 '벌거벗은 임금님'처럼 조롱과 무시의 대상이
었다. 이건 아니라는 생각이 들었다. 지방의회의원의 낮은
수준을 비난하기 전에 질적, 양적으로 부실한 의회사무기구
를 보완해야 하고 국회의원같은 중앙정치에 속절없이 휘둘
리는 지역정치 제도가 바뀌어야 한다. 그렇게 의회중심으로
판단하려는 '의회마인드'가 내게 조금씩 스며들었다. 그러
자 지방의회 전문위원은 단순한 생계 수단 그 이상으로 다
가왔다. 철저하게 의원들의 입장에서 일하려고 애썼다. '비
주류 집단'은 어딘가 모르게 친근하다. 기억력도 좋지 않고
예민한 탓에 스트레스를 자주 받지만, 앞으로도 비주류를
위해 일하고 싶다. 신영복 선생의 변방론이나 최진석 선생

의 경계론을 들지 않더라도 우리 사회 비주류

인 지방의회와 지방의원이 본연의 역할을 하도록 돕고 싶다.

불가근불가원 不可近不可遠

"전문위원님, 기획예산과장이 저녁식사를 함께 하고 싶다는데 어때요?"

11월 중순에 시작하는 제2차 정례회의 안건 검토 준비로 분주한 내게 5급 행정직 P 전문위원이 물었다. 평소 친분이 있는 과장이니 부담 갖지 말고, 식사나 하자는 P 전문위원의 제안이었다. 좋긴 한데 곧 있을 행정사무감사와 예산안 심사가 마음에 걸렸다. 예산결산특별위원회 담당 전문위원인 내가 집행기관의 기획예산과장과 그것도 하필 예산안 심사를 앞두고 밥을 먹는다는 것이 영 마뜩잖아 보였다. 의원도 아닌데 이러면서 얼굴이나 익히고 통성명이나 하자는 정도로 가볍게 생각할 수도 있었다. 밥 한 끼 먹는 것이 뭐 그리 대단하다고. 하지만 내 마음은 편하지 않았고 결국 식사 약속은 기약 없이 다음으로 미뤄졌다.

　《논어論語》에서 유래된 "불가근불가원不可近不可遠"은 인간 관계에서 너무 가깝지도, 너무 멀지도 않은 적당한 거리를 유지하라는 의미의 고사성어인데, 지방의회 전문위원과 집행기관의 관계도 비슷하다고 생각한다. 전문위원도 사람이다 보니 집행기관과 지나치게 가깝게 지내면 본연의 역할을 못 할지도 모른다. 의회에 제출되는 각종 안건의 쟁점이나 본질과 상관없이 자칫 좋은 게 좋은 거라는 식으로 흐를 수 있다. 그래서 기자와 취재원뿐만 아니라 전문위원도 집행기관 공무원들과 가깝지도 멀지도 않아야 한다는 것이 나의 원칙이다. 언제든 티타임은 환영해도 저녁 식사는 피하려고 한다. 이렇게 유난스럽게 집행기관 직원들과 거리를 두려는 이유가 있다. 처음 구의회로 이직했을 때 구의원의 소소한 근황부터 각종 현안에 관한 미묘한 입장에 이르기까지 일거수일투족이 거의 실시간으로 구청에 공유되는 것을 보고 깜짝 놀랐다. 지방의회의 인사권이 독립된 지금이야 덜 하지만 당시 그런 빨대(?) 역할을 가장 열심히 하던 사람이 퇴직을 얼마 앞둔 행정직 전문위원들과 의회사무

　　　　　　　　　　　　어쨌든 지방의회

국의 팀장들이었다. 이것은 마치 의원들이 가지고 있는 카드를 모두 펼쳐놓고 집행기관의 카드는 하나도 모른 채 카드 게임을 하는 것이나 마찬가지였다. 지방의원의 수준 낮은 질의, 억지스러운 지적, 과도한 자료제출 요구 등도 바뀌어야 하지만 행정관료에 의한 이런 지방의회 무력화 역시 경계해야 한다. "불가근불가원"을 내 직업윤리의 하나로 여기게 된 이유이다. 집행기관과 의회 사무기구의 업무협의는 의회마인드에 입각해 접근해야 한다.

흔히 지방의회와 집행기관은 견제와 균형의 관계이자 지방자치를 이끄는 두 개의 수레바퀴로 비유한다. 하지만 기초의회 사무기구의 직원들이 집행기관을 상대로 견제와 균형을 도모하기는 쉽지 않다. 왜 그럴까? 집행기관이 양적으로나 질적으로 기초의회 사무기구보다 우위에 있도록 법과 제도가 짜여있기 때문이다. 2022년 1월 단체장이 행사하던 지방의회 사무기구 직원의 인사권이 의장에게 넘어왔다고 하지만 2026년 1월 현재까지 기초의회 사무기구 직원들은 여전히 집행기관의 영향력에서 자유롭지 못하다. 예산편성권과 조직권의 실질적인 보장이 없는 구의회 인사권 독립은 사실상 반쪽짜리 독립이라는 자조 섞인 목소리가 나오는 이유이다. 엊그제까지 구청에서 수십 년 근무하던 사람이 의회사무기구로 파견이나 전입했다고 해서 갑자기 의회 중심으로 생각이 바뀔까? 한 다리만 건너면 다 아는 사이인 기초지자체에서 그렇게 하기는 인간적으로 쉽진 않다. 그래서 기초의회 사무기구 직원일수록 "불가근불가원"의 원칙을 강조하고 싶다. 그동안의 공무원 경력과 상관없이 이제부터는 지금, 여기 소속되어 있는 의회를 중심으로 생각하자고 말이다.

오래전에 어딘가에서 읽었던 이동진 영화평론가의 인터뷰 기사를 아직도 기억한다. 자신은 영화판에서 감독이나 제작자 등의 절친이 별로 없다고 했다. 내 눈엔 그의 첫인상이 똘똘이 스머프와 비슷하길래 내성적이거나 툭하면 아는 척을 하는 성격이라 그런가 싶었는데 그의 답변이 의외였다. 영화관계자와 너무 가까우면 평론하기가 불편해지기 때문이라고 했다. 이동진 영화평론가의 발언을 보면서 묘한 안도감이 들었다. '아, 지방의회 전문위원도 집행기관 직원들과 자주 술 먹고 밥 먹지 못한다고 자책할 필요까지

　　　　　　　　　　　　　　　어쨌든 지방의회

는 없겠구나.' 물론 이름만 들으면 금방 알 수 있는 조선일보 기자 출신인 이동진 영화평론가이기 때문에 가능할지도 모르겠다. 그렇지 않다면 영화판에서 왕따를 감수해야 할 테니까. 특히 그런 거리두기 처세가 영화 제작의 현장성을 외면할 수 있다는 단점도 있다. 어쨌거나 지금이야 그러려니 하지만 이동진 평론가도 초반엔 '그 평론가 싸가지가 있네, 없네' 같은 영화관계자의 뒷담화가 적지 않았을 거라 충분히 짐작할 수 있다. '좋은 전문위원'에 대한 정의定義 역시 의회의 역할을 어떻게 보느냐에 따라 천양지차로 다르다. 집행기관 공무원 입장에서는 구청장 제출 안건의 경우 소관부서의 입장을 되도록 많이 반영하여 법적 검토의견만 짧게 작성해 주는 전문위원 검토보고서를 좋아하기 마련이다. 반면에 대체로 의원들은 안건의 이모저모를 따져서 착안 사항을 풍부하게 작성한 전문위원 검토보고서를 선호한다. 동상이몽이 따로 없다. 그렇다면 유권자인 주민들에게 '좋은 전문위원'이란 과연 무엇일까? 주민들은 과연 어떤 검토보고서를 좋아할까? 먹고살기 바쁜 주민들이 구의회 전문위원의 검토보고서를 일일이 열람하겠냐고 반문할 수도 있겠지만 판단 기준의 핵심은 '어떤 것이 그 일의 본질에 부합하느냐'가 아닐까 싶다. 지방의회가 무엇을 하는 기관이고, 지방의원과 의회사무기구 직원은 무엇을 하는 직업이라고 생각하는지, 즉 그 사람의 '관觀'이 가장 기본이자 핵심이다.

지방의회 인사권 독립 전前·후後

#장면 1 : 2022년 1월 13일 오전 10시 30분 C 구의회 인사권 독립 기념식

구의회 인사권 독립을 기념하며 의회 소속 직원들이 의장으로부터 임용장을 받는 행사가 열렸다. A4 용지에 인쇄된 임용장을 상장케이스도 없이 받았다. 이번에 구의회 소속으로 새로 임용장을 받은 행정직 공무원은 10여 명에 불과하다. 그것도 7급 이하 직원들뿐. 구의회 사무국장부터 2명의 전문위원과 모든 팀장들은 언젠가 구청으로 복귀할 '파견' 형태의 행정직 공무원이다. 전부 개정된 지방자치법이 시행된다고 기념식을 하며 호들갑을 떨지만, 의회사무국을 조금만 들여다보면 여전히 집행기관 공무원들이 주도하는 구의회이다. '주인'인 의회 소속 직원보다 '손님'인 파견 직원이 파견수당까지 받으며 목소리를 내는 구조이

다. 아마 제9대 의회 이후에나 이런 사항이 개선될 것 같아
답답하다.

- 2022. 1. 13.(목) 업무일기

#장면 2 : 지방의회 인사권 독립이 됐는데도 의회사무국
장은 여전히 구청장 주재 간부회의에 참석하고 있다. 집행
기관과 다양한 정보 교류를 위한다는 명목으로.

- 2022. 2. 22.(화) 업무일기

구맹주산狗猛酒酸이라는 고사성어가 있다.《한비자韓非子》의
〈외저설우外儲說右〉에서 유래한 말이다. 송宋 나라 때 술 장사
꾼이 있었는데, 술을 빚는 재주가 좋고 친절하며 정직하게
장사를 하였음에도 술이 잘 팔리지 않았다. 이상하게 여긴
그가 마을 어른 양천을 찾아가 이유를 묻자, 양천이 되물었
다. "자네 집의 개가 사나운가?" 술을 파는 자가 "그렇습니
다"라고 답했다. 양천이 말하길, "어른들이 아이를 시켜 술
을 사 오게 하는데, 당신네 개가 사나우면 들어갈 수가 없
으니, 술이 팔리지 않고 시어가는 것이네"라고 하였다. 한
비자는 나라의 간신배를 사나운 개에 비유하여, 아무리 어

어쨌든 지방의회

진 신하가 옳은 정책을 군주에게 아뢰어도 조정 내에 간신배가 들끓으면 정사政事가 제대로 펼쳐지지 않음을 설명했다. 따라서 '구맹주산'은 '나라에 간신배가 있으면 어진 신하가 모이지 않는다'라는 뜻으로 쓰인다. 얼핏 보면 무관하게 보이겠지만 기초의회의 현실을 들여다볼수록 나는 이 고사성어가 떠오른다. 술이 팔리지 않게 개가 사나운 것이다. 즉 지방의회가 제 역할을 하기 어렵게 집행기관의 영향력이 크다는 것이다.

2026년 1월 말 현재 전국의 지방의회 사무기구 직원은 크게 두 종류로 나눌 수 있다. 의장한테 임용장을 받은 의회 소속 직원과 지자체장으로부터 임용장을 받고 집행기관 소속이면서 지방의회 사무기구에서 1~2년가량 근무하기로 파견된 직원이다. 혹자는 의장한테 임용장을 받았다고 해서 전자前者를 '의회직'으로 부르기도 하는데, 엄밀히 말하면 이는 잘못된 표현이다. 현행 「지방공무원 임용령」 제3조제1항은 일반직공무원의 직군·직렬·직류 및 직급의 명칭을 [별표 1]과 같다고 하고 있는데 이 [별표 1]에 '의회직'이라는 용어는 없기 때문이다. 즉 행정직, 세무직,

전산직, 교육행정직, 사회복지직, 속기직, 방호직이라는 직렬은 있어도 법령상 '의회직'이라는 직렬은 없다. 결국 집행기관에서 파견 나온 의회사무기구 직원과 구분하기 위해 지방의회 의장이 임용한 직원을 편의상 '의회직'이라고 지칭하는데 오해의 소지가 있는 표현인 셈이다. 이런 호칭이 뭐가 중요한지 의아해 보일 수 있다. 악마는 디테일에 있듯이 30년 만에 전부 개정된 「지방자치법」이 2022년 1월 시행되면서 지방의회 의장에게 의회사무기구 직원에 대한 인사권이 부여됐지만 속사정은 딴판이다. 식당 내부는 그대로 둔 채 간판만 바꾼 신장개업이랄까. 인사권 독립은 지방의회의 오랜 염원이었지만 여전히 지방의회는 정책지원관을 제외한 신규 직원을 추가로 채용하지도 않았고 채용할 수도 없다. 단지 어제까지 의회사무기구에 있던 집행기관 소속 공무원들이 인사권 독립일을 기점으로 본인의 선택에 따라 의회 또는 집행기관으로 소속만 바꿨을 뿐이다. 특히 기초의회의 경우 사무국장이나 전문위원만이 5급 이상 승진자리다 보니 6급 직원들은 기초의회 사무기구를 선택하고 싶은 동기가 적었다. 상대적으로 5급 이상 보직 자리가 많은 집행기관에 남는 것이 승진 가능성이 높을 테니까. 지방자치법 전부개정의 이면에는 자치분권과 지방의회 위상 제고라는 교과서적인 이유와 상관없이 행정직 공무원들의 승진과 보직 자리에 관한 손익 계산이 깔려 있는 것이다.

이렇다 보니 내가 몸담았던 구의회에서 전부 개정된 지방자치법의 시행을 앞두고 구의회로 전입할 직원을 공개 모집한 결과, 지원한 사람은 7급 이하이거나 당장 5급 승진이 급하지 않은 소수의 워라밸 추구형 6급 직원이 대부분이었다. 서울시 자치구의 경우 1,000명이 넘는 집행기관 인력 규모에 비하면 구의회 사무기구의 정원은 고작 40명 미만이니 장차 5급 승진을 기대하고 근무평정을 관리해야 할 사람이라면 당연히 구의회보다는 하루라도 빨리 집행기관으로 가고 싶었을 것이다. 이런 선택을 무조건 비난할 수는 없다. 조직 생활을 하면서 편한 보직, 힘 있는 자리를 찾거나 승진을 추구하는 것은 인지상정이니까. 기초의회 사무기구일수록 공무원들의 이런 승진 욕구를 긍정적으로 유인하기엔 형편이 너무 열악한 것이 갑갑할 따름이다. 학계나 현장에서 지방의회법 제정과 의회직렬 신설을 통한 광역지자체 통합인사를 주장하는 이유이다. 이에 대해 행정 안전부는 지방의회의 일탈과 사건·사고를 거론하면서 매 번 '시기상조'라고만 하고 도대체 그 시기가 언제냐는 질문 엔 '사회적인 합의'가 되면 이라고만 하니 정말 답답할 노 릇이다. 전국 지방의회의원의 의식 수준이 고양되어 모든 것이 준비되면 관계 법령을 고치겠다는 말은 지금은 절대 로 하고 싶지 않다는 말로 들린다. 사실 현실을 조금만 들 여다보면 행정안전부는 부차적이다. 일각에서는 지방의회 법 제정이 더딘 가장 큰 이유는 국회의원 대부분이 이에 소 극적이기 때문이라고 진단한다.

헌법 개정을 통해서든 지방의회법 제정을 통해서든 지 방의회 의장이 의회사무기구의 핵심 직위인 팀장과 전문 위원, 사무국장을 집행기관에서 받지 않고 의회 자체적으 로 직접 채용하거나 승진시킬 수 있어야 한다. 그래야 지 방의회가 제 목소리를 낼 수 있다. 국회사무처를 보라. 국 회의장을 중심으로 행정부와 별개로 독립적인 인사제도를 운영하고 있다. 지방의회에 실질적인 인사권을 주면 각종 인사 비리가 늘어날 거라 걱정되는가? 그것은 마치 닭이

    어쨌든 지방의회

먼저냐 알이 먼저냐와 비슷하다. 지방의회의 위상이 커질 경우 상대적으로 부담이 커질 이해관계 집단의 엄살이고 과장일 뿐이다. 필자는 유권자들의 집단지성과 안목을 믿는다. 독일의 히틀러와 나치당이 유권자의 국민투표를 통해 절대권력을 가진 역사와 우리나라에서 선거로 선출된 많은 정치인들이 각종 비리 문제로 감옥에 간 사실은 잘 알고 있다. 인사 비리를 밥 먹듯이 하는 지방의회의원은 결국 유권자의 밝은 눈으로 반드시 걸러질 것이라고 본다. 그렇게 되도록 지방선거 관련 법과 제도를 국회의원과 관료들만이 아니라 주민들의 요구에 맞게 혁신해야 한다. 집행기관으로부터 독립적인 인사와 예산이 전제되어야 지방의회가 제 역할을 할 수 있다. 기득권에 유리하게 지방자치제도라는 게임의 룰을 정해놓고 선수로 뛰고 있는 지방의원만 탓할 일이 아니다. 2026년 1월 말 현재 지방의회 특히 기초의회 사무기구의 현실은 인사권 독립 전前과 본질적으로 달라진 게 없다.

공무원스럽다

2025년 2월경으로 기억한다. 동작구의회가 신청사로 이사하기 몇 개월을 앞두고 의회사무국의 서무주임이 직원 단톡방에 아래와 같은 글을 공지했다.

"안녕하세요! 임시회로 바쁘신 중에 전 직원 대상으로 구의회 신청사 다목적실 명칭 관련 의견을 구하고자 합니다. 다목적실의 경우 각종 의회 행사를 하는 목적으로 40~50여 명 정도 들어갈 수 있는 공간이며, 토론회, 구민표창 수여식 등을 할 예정인 공간입니다.

이에 현재 다목적실의 명칭이 딱딱한 느낌이 있어 직원 분들의 다양한 의견을 받고자 하오니 내일 오전10시까지 다목적실의 명칭을 올려주시면 감사하겠습니다.

(참고로 최종 선정된 분께는 자그마한 선물도 드리도록 하겠습니다.)

아무쪼록 많은 참여 부탁드립니다."

공지가 있고 난 뒤 다음 날 오전 11시경 게시된 서무주임의 글엔 하루 동안 접수된 명칭이 16개이고 14시부터 투표 예정임을 알리면서 순위별 상품도 공개됐다. 1등이 5만 원, 2등은 3만 원, 3등이 2만 원인 별다방 기프티콘. 16시 30분경 투표가 종료되었고 곧바로 공개된 투표 결과를 보자마자 우리는 빵 터졌다. 1위가 다름 아닌 '다목적실'이었으니까. 이건 뭐지. 투표를 하자는 거야 말자는 거야. 거봐, 상금이 적다고 했잖아. 투표 결과를 두고 직원들끼리 잠시 이러쿵저러쿵 웅성웅성 추측이 난무했다. 그러다 사무실 안은 다시 컴퓨터 키보드 두드리는 소리만 들렸다. 나의 뇌피셜로는 이 상황을 '공무원스럽다'로 규정하고 싶다. 추측하건대 직원들은 신청사 다목적실의 명칭에 별 관심이 없었다. 명칭이 뭐가 되든 그게 나랑 무슨 상관이며, 기껏 5만 원 받으려고 골똘히 머리를 굴리고 싶지도 않았을 것 같다. 꼭 내가 아니어도 튀고 싶은 누군가가 적당한 명칭을 제안하겠지. 에잇, 굿이나 보고 떡이나 먹자. 19년의 임기제 공무원 경험상 관료조직은 승진이나 징계가 아니면 좀체 움

　　　　　　　　어쨌든 지방의회

직이려고 하지 않는다. 당근과 채찍이 분명해야 한번 움직여 볼까 눈치를 보기 시작한다. 위 사례도 만일 상금이 10배 이상으로 '당근'이 컸거나 반대로 불참하거나 표를 적게 받은 직원은 일직이나 보안근무를 시키겠다는 '채찍'이 있었다면 투표 결과는 달라졌을 거라고 상상해 본다. 직원들의 반발과 별개로 말이다.

　미국 행정학자 랠프 험멜Ralph P.Hummel, 1937~2012은 1977년에 낸 책《관료제 경험》에서 "공무원은 생김새가 인간과 비슷해도 머리와 영혼이 없는 존재"라고 비판했다. 2008년 1월 이명박 정부 출범을 앞두고 열린 인수위원회 업무보고 때도 당시 국정홍보처장은 노무현 정부의 기자실 운영 방식을 따져 묻는 인수위원들에게 "우리는 영혼이 없는 공무원"이라고 토로했다. 이렇게 공무원의 상명하복 문화는 오래된 얘기다.* 관료집단은 '레고 블록'과 같다. 상대적으로 민간과 비교할 때 개개인은 스펙이나 개인기가 뛰어나지 않게 보일 수도 있다. 하지만 이들이 팀 단위, 부서 단위, 국 단위로 뭉치면 마치 레고 블록 한두 개로는 불가능한 도로

* 　2025. 12. 8. 한겨레신문, "영혼없는 공무원, 사라질까 [한겨레 프리즘]"

나 교량을 만들 정도로 경이로운 집단지성을 발휘한다. 법과 규정이 허용한 권한으로 하는 일이지만 비유하면 그렇다는 얘기다. 공무원의 장점은 내가 안 잘리는 것이고, 단점은 (나를 괴롭히는) 그놈도 안 잘리는 것이라는 우스갯소리가 있을 정도다. 그만큼 관료집단은 정년이 보장되는 공동운명체라는 집단의식이 강하고 그래서 구성원 중 누군가가 튀는 것을 불편해한다.

공무원 집단의 특성을 보여주는 경험은 더 있다. 권익위는 세종시로 옮기기 전까지 서울시 서대문구 미근동에 있는 20층 빌딩의 여러 층을 임차해 사용했다. 군데군데 10개 층을 권익위가 사용하고 나머지 10개 층은 당시 SK커뮤니케이션즈가 사용했다. 그 빌딩엔 엘리베이터가 모두 4개인데 권익위와 SK가 두 개씩 나눠서 이용했다. 지금도 재밌는 점은 출퇴근 시간이나 점심시간에 빌딩 1층에서 엘리베이터를 기다리는 사람의 복장만 봐도 그 사람이 권익위 소속인지 SK커뮤니케이션즈 소속인지 대충 짐작할 수 있었다. 권익위 직원들은 대체로 짙은 회색이나 검정색 정장 차림이 많았다. 헤어스타일도 단정한 단발 아니면 긴 생머리 정도랄까. 반면 SK커뮤니케이션즈 직원들은 그야말로 자유분방함 그 자체였다. 무지개색을 하나씩 뽑아서 만든 것 같은 원색 셔츠나 바지는 흔했고 반바지나 중간중간이 헤진 빈티지룩 청바지도 종종 눈에 띄었다. 당시 SK커뮤니케이션즈에서는 40대 중반의 임원이 나왔다는 뉴스가 화제였다. 복장에 특정한 정답이 따로 있겠는가. 일하는 데 도움이 되고 동료들의 일을 방해하지 않는다면 무슨 문제가 있겠는가. 그런데도 2025년 7월 현재, 대한민국 공직사회는 반바지 복장을 허용했다는 서울의 어느 구청의 소식이 아직도 뉴스가 될 정도이다.[*] 좌석 배치부터 복장에 이르기까지 여느 집단과 다른 공무원만의 독특함이 있다.

길게 설명하지 않아도 우리 사회에서 공무원의 이미지를 쉽게 알 수 있는 아주 간단한 방법이 있다. 만일 누군가가 당신에게 '참 공무원스럽네요'라고 말한다면 당신의 기분이 어떨까? 썩 유쾌하지는 않을 거라고 짐작된다. 우리 사회에서 '공무원스럽다'는 말이 어딘가 모르게 칭찬으로

---

[*] 2025. 7. 14. 이투데이, "강동구청, 무더위에 반바지 출근도 OK…공무원 복장 간소화 시행"

들리지는 않으니까. 물론 다른 의견도 있겠지만 공무원이라는 말을 듣는 순간 복지부동, 영혼이 없는, 고지식한, 철밥통 등의 부정적인 표현이 먼저 연상되는 것이 사실이다. 민선 지자체장이 취임하면서 일선 공무원의 적극행정과 친절은 관선 시절에 비하면 비교하기 어려울 정도로 좋아졌다. 하지만 평범한 시민들에게 관공서 문턱은 여전히 부담스러울 수 있다. 격동의 한국 현대사를 거쳐 오면서 '가늘고 긴' 관료집단의 선택이 초래한 이미지 때문일 수도 있다. 2025년 6월 한국행정연구원이 발행한 자료에 따르면 우리 국민의 정부에 대한 신뢰도는 중앙행정기관 및 지방자치단체 포함 평균 2.75점에 그쳐, 전반적으로 정부에 대한 국민의 신뢰도는 낮은 것으로 나타났다.[*] 1997년 외환위기와 2008년 금융위기 등과 같은 불확실한 사회·경제적 상황으로 공무원 시험 경쟁률이 수십 대 일까지 치솟았다가 최근 들어 다시 낮아지고 있다. 공무원연금제도에 대한 불만과 '공무원스럽다'는 말을 싫어하는 MZ세대의 특성 때문이 아닌가 싶다.

---

[*] 윤광석 선임연구위원, 행정수요에 대한 국민 인식조사, KIPA 정부디자인 ISSUE, 2025 No.2 통권 33호, 한국행정연구원, 2025. 6. 24.

《생각의 지도》김영사, 2004 저자 미시간대학교 심리학과 석좌 교수 리처드 니스벳Richard Nisbett, Richard E. Nisbett과 사회심리학 핵심 개념을 만든 스탠퍼드대학교 심리학 교수 리 로스Lee Ross는《사람일까 상황일까》심심, 2019에서 동조, 이타성, 갈등 해결, 집단 행동 등 60여 년간 진행된 사회심리학의 주요 연구들의 의미를 짚어내며 '성격보다 상황이 인간의 행동에 커다란 영향을 미친다'라는 사실을 역설한다. 인간의 생각과 태도, 행동이 사회 환경에 따라 어떻게 바뀌는지 과학적으로 탐구하는 사회심리학자들은 일찍이 성격이나 기질보다는 '상황의 힘'에 주목했다. 사회적 상황의 특성에서 나는 차이가 사람들의 성격 특질에서 나는 차이보다 훨씬 강력하게 작용한다는 것이다. 조직생활을 할수록 공감이 가는 내용이 아닐 수 없다. 내가 관료조직을 이해할 때 특정 공무원 개인에 매몰되기보다 그 사람을 둘러싼 다양한 제도나 관습 등으로 인해 발생하는 상황을 의식하게 된 계기이기도 하다. 물론 여전히 사회적으로는 '착한 사람이니까 분명 남을 잘 도울 것이다'와 '공격적인 아이가 늘 문제를 일으킨다'와 같은 고정관념이 깊게 자리하고 있으며, 대부분 어떤 일이 일어났을 때 개인한테 문제의 원인을 찾고 있다. 저자들은 이때 잠시 판단을 멈추고 상황을 생각해보면 상대를 판단하는 태도가 달라질 수 있다고 강조한다. 오랫동안 국가공무원과 지방공무원을 모두 경험한 바로는 저자의 문제의식에 깊이 공감하지 않을 수 없었다.

우스갯소리로 공직사회에서 유난히 일을 열심히 하는 직원은 셋 중에 하나라고 한다. 일을 안 하면 티가 금방 나는 기관장 측근(또는 기관장의 관심사업 부서 소속 직원)이거나 승진을 위해 근무평가를 관리하는 직원이거나 그것도 아니면 계약연장을 위해 성과를 어필해야 하는 임기제 직원이다. "죽은 물고기만이 강물 따라 흐른다"라는 최인아 대표의 말이 무색할 지경이다. 가끔 엉뚱한 상상을 해본다. 내가 만일 정년이 보장되고 승진할 수 있는 행정직 공무원이라면 일을 대하는 태도가 달라질까. 글쎄, 대기업보다 연봉은 적어도 직업적인 안정이 보장되는 순간부터 일과 관계를 대하는 태도가 달라질 것 같긴 하다. 조금 과장해서 비유하면 죽음을 의식하며 시한부 삶을 사는 사람과 그렇지 않은 사람의 태도가 딴판이듯이 말이다. "자신을 하나의 '프로젝트'로 삼아 의식적으로 가꿔야 한다"라던 20세기 후

반 미국의 대표적인 작가이자 사회운동가인 수전 손택의 말이 공무원에게는 해당하지 않는 것일까. 행여나 업무에 흥미를 잃은 공무원을 만나면 이젠 그 직원의 여러 상황에 주목한다. 단순히 환경결정론을 옹호하자는 말이 아니다. 늘공을 비난하는 것만으로는 무사안일, 복지부동과 같은 오랜 관료제 문제를 해소하기 어렵다. 각종 인사제도와 조직문화의 개선을 통해 그들이 성실하게 일할 수밖에 없는 '상황'을 조성하는 것이 효과적이라고 본다. 그런 의미에서 "타인을 어떻게 신뢰할 수 있는가? 인지적 공감을 통한 이해와 공통의 취약성에 의한 연대를 통해 가능하다"라고 한 문학평론가 신형철의 말은 의미심장하다.

수포자 전문위원이
예산안을 분석하는 방법

초선 지방의원은 물론이고 전문위원이나 정책지원관을 처음 해보는 직원이라면 의회 업무가 낯설기 마련이다. 아무리 공무원 경력이 있어도 상임위원회, 본회의, 안건, 구정(시정) 질문, 5분자유발언, 조례안 입안과 심사 등등은 평소 집행기관에서 해보지 않은 업무일 가능성이 높다. 뭐니 뭐니 해도 예산안을 분석하는 일이 가장 낯설지 않을까? 필자도 그랬다. 권익위에서 법률이나 조례는 늘 접했고 본회의나 상임위원회는 조사관일 때도 늘 하던 회의체 준비와 비슷해서 별로 낯설지 않았다. 하지만 예산안 분석은 지방의회로 이직하고 처음 해보는 일이었다. 일단 예산은 용어부터 낯설고 숫자가 빼곡한 예산서를 보는 것만으로도 숨이 턱 막힐 지경이었다. 그러면서 학창시절 수포자^{수학을 포기한 사람}인 나 자신이 미웠던 적이 한두 번이 아니었다. 지금은 생각이 많이 달라졌다. 수학 실력이 좋으면 예산서를 얼마나 잘 분석할진 모르겠지만, 수학을 모르더라도 예산안을 분석하는 데 큰 지장은 없다. 마치 자라보고 놀란 가슴 솥뚜껑 보고 놀라는 격일 뿐이니 안심해도 좋다. 약 9년간 전문위원으로 예산안과 씨름하면서 얻은 약간의 노하우가 있다. 학술적이지 않으면서 완전 초보자 입장에서 예산안 분석의 유용한 방법을 소개하면 다음과 같다.

첫째, 예산서의 체계, 구조를 먼저 살펴보자. 제목과 목차를 주의 깊게 보면 책을 이해하기 수월하듯이 어떤 일이든 숲을 보면서 전모를 파악하면 효율적이다. 어느 페이지를 봐도 쓸데없이 숫자만 빼곡한 것 같지만 예산서는 나름의 기준에 입각해 체계적으로 구성되어 있다.

목차에서 예산서의 전체 구성을 훑어보자. 동작구청 홈페이지에 공개된 2025년도 예산서를 예로 들면 가장 먼저 재정전망과 구정방향이 소개되어 있다. 글자 그대로 2025년도 동작구의 재정전망과 구정방향인데 좋은 말이니 그냥 넘겨도 괜찮다. 어차피 기초지자체 차원에선 대외경제 환경변화에 따라 세입과 세출의 변화 기조는 매년 비슷비

숫하다. 그다음은 세입·세출 예산서이다. 이 부분이 숫자 위주로 정리된 부분이다. 예산총칙부터 예산의 규모를 일정한 기준대로 차례차례 제시하고 있다. 옛날 전화번호부처럼 두꺼운 분량이지만 예산서의 편제는 일반회계와 특별회계 순으로 예산 규모를 보여주고 세입과 세출 순으로 관련 자료가 이어진다. 다시 세출은 기능별, 조직별, 성질별로 제시된다. 예산 규모에 관한 설명이 끝나면 〈세입예산서〉와 〈세출예산서〉를 보여준다. 그다음이 중요하다. 우리가 궁금해하는 사업명세서 부분이기 때문이다. 〈세입예산 사업명세서〉는 역시 일반회계와 특별회계 순으로 내용이 이어진다. 예산서에서 가장 주목을 받는 부서별 사업명세서는 〈세출예산 사업명세서〉에서 확인할 수 있다. 〈세출예산 사업명세서〉는 자치구의 경우 통상적으로 감사담당관부터 각 국별·부서별로 일반회계 예산을 설명하고 다음으로 일부 부서의 특별회계를 제시하는 것으로 예산서 내용은 모두 끝이다.

필자는 예결위 전문위원 검토보고서를 작성할 때 주로 〈세부사업 설명서〉를 참고한다. 사업별로 일일이 자료요구를 하지 않아도 부서별 주요사업에 대한 사업개요, 예산총

괄표, 전년대비 증감 사유, 최근 3년간 결산내역 등을 손쉽게 파악할 수 있기 때문이다. 빡빡한 제2차 정례회 기간 중 행정사무감사 기간에 예산안 검토보고서를 작성해야 하는 전문위원 입장에선 부서에 별도로 자료를 요구하느라 시간을 지체할 필요가 없어서 편리하다. 한편, 서울시 서대문구처럼 〈세입 사업 설명서〉를 별도로 작성하여 의회에 제출하는 지자체가 있지만 그렇지 않은 지자체도 적지 않다. 의회의 심도 있는 예산안 심사를 위해서는 세입도 세출과 마찬가지로 지방재정법에 따라 〈세입 사업 설명서〉를 작성하여 의회에 제출하는 것이 바람직하다고 본다.

둘째, 행정안전부에서 작성하는 〈지방자치단체 예산편성 운영기준 및 기금운용계획 수립기준〉을 꼼꼼히 반복해서 보자. 전국 지방자치단체에는 매년 7월 말 또는 8월 초에 행정안전부에서 제작한 이 책자가 배포된다. 예산 초보라면 게임의 룰을 공부하듯 이 책자를 먼저 숙독하길 권하고 싶다. 이 책자는 딱딱한 법조문 형식도 아니면서 우리가 접하는 예산서와 기금운용계획안의 각종 양식부터 통계목별 의미와 성인지예산서 작성법 등까지 상세하게 제시하고 있다. 집행기관이 제출한 예산서를 비판적으로 분석하려면 기준이 필요한데 이 책자가 가장 우선해야 할 법적 기준인 셈이다. 책자의 앞부분에 요약된 예산편성 기준의 주요 개정사항부터 유심히 살펴보자. 행정안전부 홈페이지에서 파일을 내려받을 수 있다. 한편, 성인이라면 몇 년에 한 번씩 정기적으로 건강검진을 받듯이 지방재정법에 따라 지자체도 매년 지방재정 운용 현황을 홈페이지에 공시해야 한다. 누구든지 지자체 홈페이지에서 결산기준, 예산기준 등에 따라 일목요연하게 정리된 재정운용 실태 자료를 확인할 수 있다. 행정안전부에서 운영하는 인터넷 〈지방재정통합공개시스템〉 또는 〈지방재정365〉도 내가 속한 지자체의 예산 및 기금운용 등 재정운용 전반에 관한 분석결과와 실태 자료를 볼 수 있는 유용한 사이트이다.

셋째, 결국 관건은 사업별 분석이다. 예산서의 체계를 머릿속에 그렸고 행정안전부의 예산편성 기준을 훑었다면 이제 본론으로 들어가자. 지방의회에서 예산안 심의를 해보면 의원들의 질의는 거의 대부분 특정 사업을 삭감할 것이냐 증액할 것이냐로 귀결된다. 전문위원이 예산안 검토보고서를 짧고 굵게 작성하는 방법도 부서별 신규사업 위주로 분석 결과를 제시하는 것이다. 대개 기초지자체일수록 의회에 예산안과 함께 제출되는 법정 자료인 〈성과계획서〉, 〈성인지예산서〉, 〈중기지방재정계획안〉 등의 첨부 자료를 소홀하게 다루기 쉽다. 이 자료야말로 해당 지자체의 재정운용을 다양한 각도에서 들여다볼 수 있는 자료임에도 의회에서는 잊힌 존재이다. 두 달 가까이 계속되는 제2차 정례회 일정상 의원들이 예산서 첨부서류에 대한 충분한 이해와 필요성을 절감하지 못하다 보니 결국 개별 사업의 삭감 또는 증액에만 치중할 수밖에 없다. 필자도 예산안 첨부서류의 분석 결과를 검토보고서에 제시했지만 정작 의원들은 오로지 개별 사업의 증액 또는 감액만을 질의하는 경우가 많다. 예산안 첨부서류가 해당 지자체 예산의 특성을 보여주는 '숲'이라면 개별 사업은 '나무'와 같다. 이렇듯 매년 11월과 12월의 평일 새벽 시간과 주말 한나절을 온전히 투자해 작성한 검토보고서를 의원들이 좀체 활용하지 않을 때 전문위원으로서 느끼는 아쉬움은 적지 않다. 반면에 어떤 의원은 검토보고서에 제시된 과도한 순세계純歲計잉여금과 같은 구청의 재정 운용 상황과 성과계획서의 문제점 등을 적극적으로 인용하여 질의하고 소관 부서장 또는 국장으로부터 개선하겠다는 답변을 들을 때도 있다. 그 순간이 전문위원으로선 배구나 축구 경기에서 멋진 공격이 성공하도록 적재적소에 공을 패스해 준 선수라도 된 것처럼 더할 나위 없이 좋다.

넷째, 국회예산정책처와 서울시의회의 예산안 검토보고서를 틈틈이 읽어야 한다. 꼭 전문위원이 아니더라도 정책지원관이나 예산분석에 관심이 있는 주민들도 개별 사업을 어떤 기준과 분석틀로 바라봐야 할지 배울 수 있다. 백문百聞이 불여일견不如一見이다. 국회예산정책처와 서울시의회 홈페이지에서 언제든 볼 수 있다.

다섯째, 예산용어가 익숙해질 때까지 관련 강의를 꾸준하게 수강하면서 발품을 팔아야 한다. 매사 그렇듯이 거저 얻는 것은 없다. 생소한 분야를 내 것으로 소화하고 활용하기 위해서는 나보다 수준이 높은 이의 지도나 가르침을 받는 것은 당연하다. 조금만 주위를 살펴보면 저렴한 비용으로 예산을 배울 수 있는 곳은 많다. 〈나라살림연구소〉, 〈지방자치인재개발원〉, 〈한국지방재정공제회〉, 〈국회사무처 국회의정연수원〉, 〈서울시인재개발원〉, 〈예산감시전국네트워크〉 등이 대표적이다.

여섯째, 추경안^{추가경정예산안}은 회계연도 중 수정이 필요한 세입, 세출 항목을 고쳐서 예산을 보다 효율적으로 집행하기 위한 제도이다. 그러므로 ① 사업이 추경안의 취지에 적합한지^{적합성}, ② 본예산 편성 · 심사 당시 예측할 수 없었는지^{예측불가능성}, ③ 해당 연도 내에 집행이 가능한지^{연내 집행가능성}, ④ 다음 연도 본예산 편성을 기다릴 수 없는지^{시급성} 등을 종합적으로 검토해 심사할 필요가 있다. 한편, 본예산은 ① 다른 국 · 과의 사업과 유사 · 중복 여부, ② 자체 신규사업의 경우 기대효과 및 산출 근거의 타당성 여부, ③ 보건복지부 사회보장제도 신설 · 변경 협의 등 사전절차 준수 여부, ④ 감사담당관의 감사 유무, ⑤ 11월 말 현재 집행잔액의 과다 여부, ⑥ 다른 지자체의 유사 사례 유무, ⑦ 사업의 목적과 기대효과 달성이 모호한 일회성 행사 여부 등을 기준으로 분석한다.

 어쨌든 지방의회

일곱째, 예산안 계수조정의 중요성을 강조하고 싶다. 계수조정이란 예산안에 대한 다양한 질의·답변을 마치고 의원끼리 모여서 각 사업별로 삭감이나 증액 여부를 토론하고 조정하는 것을 말한다. 계수조정은 정회 중에 속기사 없이 의원들과 일부 상임위 담당 직원들만 배석한 가운데 진행된다. 구의회 예산안 심사 때마다 필자가 의원들에게 자주 하는 농담이 있다. 상임위든 예결위든 예산안 심사의 하이라이트는 계수조정이며 의원의 내공이 가장 빛을 발하는 순간도 계수조정이라고 말이다. 그만큼 상임위 예비 심사와 예결위 심사 모두 결국엔 계수조정을 통해 특정 사업의 명운이 판가름 난다. 상임위와 예결위에서 특정 사업의 감액을 주장하는 의원이 있다면 그 사업의 소관부서장과 팀장은 정회 시간을 이용해 해당 의원을 이해·설득하느라 바빠진다. 의원과 집행기관 직원들 사이에 밀당이 벌어지는 순간이다. 소관부서는 사업의 필요성, 긍정적 효과, 유사 사례 등을 부각시키고 의원은 그런 소관부서의 주장에 의구심을 가질 때가 많다. 사전에 미리미리 충분히 설명하려는 노력이 부족했다는 지적이 의원들의 공통된 불만이라면 구청장 공약으로 신규 편성한 퍼주기 사업이 문제라는 것이 야당 의원의 단골 지적이다. 온갖 정보와 추측, 비난이 난무하는 가운데 계수조정 중에 자신의 관심 사업을 지키고 부적절한 사업을 삭감하려면 심사에 임하는 동료의원을 움직이는 것이 관건이다. 당연한 말이지만 의원의 정보력과 의사소통 능력, 정치력이 특히 필요하다. 무대 위에선 조리있고 설득력이 있는 말솜씨가 중요하다면 막후에선 크고 작은 파벌과 여야를 감안하여 동료의원과 주고받을 줄 아는 정치력이 중요하다. 그래서 계수조정을 의원의 내공을 보여주는 시간이라고 말하는지도 모른다.

 어쨌든 지방의회

판사는 판결문으로, 지방의회 전문위원은 검토보고서로 말한다

2017년 5월경 A 구의회 6급 전문위원으로 근무할 때다. 의회사무국 직원 역량강화 교육 강사로 당시 충남 ○○군의회 오○○ 사무관을 초빙한 적이 있다. 오○○ 사무관은 행정직 공무원임에도 뛰어난 업무혁신으로 언론보도가 됐고 이 뉴스를 눈여겨본 A 구의회 의원의 추천으로 의정팀이 강사로 섭외한 것이다. 오○○ 강사는 이번 교육을 준비하면서 서대문구의회 전문위원들의 검토보고서를 미리 읽고 왔다며 교육 중에 갑자기 내 이름을 호명했다. 그리곤 비판과 분석, 대안 제시가 탁월한 의회 검토보고서라며 30여 명의 의회사무국 직원들 앞에서 필자를 칭찬하면서 ○○군의회 기념품인 휴대전화 배터리를 선물로 줬다. 얼떨떨했지만 일면식도 없는 선배 공무원의 칭찬을 받으니 당연히 좋았다. 2시간이 넘는 열강이 끝나고 나는 들뜬 마음

으로 전문위원실로 가던 중 함께 일하던 두 명의 행정직 5
급 전문위원들이 내뱉는 말을 우연히 들었다.

"시골 촌구석에서 온 사람이 뭘 안다고 감히 서울시 직
원들을 가르치려고 하냐……"

보라는 달은 안 보고 달을 가리키는 손가락을 가지고
트집을 잡는 것처럼 들렸다. 퇴직을 1~2년 남겨둔 그 전문
위원들에게 혁신은 개뿔, 그냥 이대로가 좋을 뿐이었다. 이
후에 이직한 B 구의회에서도 비슷한 상황은 계속됐고 모멸
감을 느낀 적도 여러 번이었다. 그럴수록 필자가 가장 신경
썼던 일은 의원에게 좋은 검토보고서를 작성하는 것이다.
'의원에게 좋은 검토보고서'란 쉽게 말해 의원이 발언할 거
리가 많다는 뜻이다. 즉 의원들이 상임위 안건심사 과정에
서 발언할 수 있는 안건의 착안 사항이 풍부하게 담겨있는
보고서라는 의미이다. 이를 위해 전문위원은 국회부터 중
앙행정기관 홈페이지, 국회입법조사처와 국회예산정책처,
지자체 홈페이지, 학술논문까지 샅샅이 뒤져가며 자료조사
에 발품을 팔아야 한다. 지금은 아니지만 지방의회의 인사

권이 독립되기 전까지는 의회사무국(과) 직원들이 구의회 5급 행정직 전문위원을 가리켜 '과장님'으로 부르는 일이 흔했다. 전문위원 발령 전까지 집행기관에서 과장이었거나 의회사무국을 떠나면 과장이 될 사람이니까. 한번 상상을 해보시라. 똑같은 전문위원인데 누구는 전문위원으로, 누구는 과장님으로 불리는 이상한 상황을. 2022년 1월 전까지 대한민국 기초의회 사무기구의 모습이었다.

'목사의 손에는 성경聖經이, 법률가의 손에는 법전法典이'. 정확한 표현인지 모르겠지만 학부 전공선택과목 시간에 들었던 법학과 교수님의 말씀으로 기억한다. 목사에게 성경이 소중한 만큼 법률가를 꿈꾸는 사람이라면 법전을 가까이에 두라는 조언이었다. 지방의회 전문위원으로 일해보니 법학과 교수님의 말씀을 살짝 바꿔보고 싶어졌다. '판사는 판결문으로, 지방의회 전문위원은 검토보고서로 말한다.'가 그것이다. 가장 기본적이고 중요한 전문위원의 업무가 안건에 관한 검토보고서 작성이기 때문이다. '모르면서 집행기관에게 휘둘리지 말고, 의원님들이 알면서 봐주게 하자', '구청장이 제출한 안건은 최대한 비판적으로, 의원 발의안은 최대한 긍정적으로 검토하자'도 필자의 평소 업무 원칙이다.

검토보고서를 잘 쓰고 싶은 마음에 2018년 10월경 국회 수석전문위원실을 혼자 방문한 적이 있다. 당시 필자는 A 구의회 6급 임기제 전문위원이었고 〈국회사무처법〉상 수석전문위원은 별정직이고 차관보급이다. 그날 만난 수석 전문위원은 나와 아무런 연결고리도 일면식도 없는 분이었다. 단지 국회 상임위 검토보고서에 정책적인 착안사항이 풍부해야 한다는 주장이 담긴 그분의 저서 《입법의 현장》을 감명깊게 읽었기 때문에 꼭 만나보고 싶었을 뿐이었다. 미리 비서실과 유선전화로 방문 동의를 받고 일정을 조율했다. 수석 전문위원실에서 단둘이 마주 앉아 따뜻한 유자차를 앞에 두고 덕담을 들었던 기억이 지금도 새롭다.

앞서 필자는 지방의회와 집행기관이라는 두 기관을 지방자치를 이루는 두 개의 수레바퀴에 비유했다. 필자는 여기에 주민자치를 추가해 지방자치를 세발자전거에 비유하고 싶다. 현실은 어떨까? 주민자치는 논외로 하더라도 2026년 1월 현재 지방의회와 집행기관의 관계는 압도적으로 집행기관 우위로 기울어진 운동장이나 마찬가지이다.

지방의회 특히 정책보좌 인력이 턱없이 부족한 기초의원
은 집행기관과 대등하게 토론하거나 업무협의를 할 상황
이 아니다. 기초의회에서는 집행기관이 지원인력의 규모
와 질에서 압도적인 우위에 있으므로 수레의 두 바퀴 중 한
쪽이 몇 배나 크게 기울어진 셈이다. '정보의 비대칭'으로
인해 집행기관 직원들이 보고한 자료대로 의원들은 끌려
갈 수밖에 없다. 공무원도 사람인지라 자신에게 유리한 쪽
으로 정보를 취사선택하기 쉽다. 즉 구청장 제출 조례안이
나 예산안이 의회에 보고될 때 자칫 집행기관에 유리한 정
보를 강조하는 경향이 있을 수 있다는 의미이다. 내 검토보
고서가 질의서처럼 소관부서의 추가적인 설명을 요구하는
내용이 많은 이유이다. 주로 구청장 제출 안건에 비판적인
기초의회 어공 전문위원일수록 소관부서로부터 안건 관련
자료를 받기 쉽지 않기 때문이기도 하다.

　　일례로 코로나19가 한창 기승을 부리던 시기에 어느 구
청은 정년퇴직 공무원 포상금을 100% 증액하는 예산안을
구의회에 제출한 적이 있다. 불필요한 정년퇴직 공무원 포
상금은 가급적 폐지하라는 권익위의 제도개선 권고가 나

온 지 불과 몇 년밖에 지나지 않은 때였다. 당시는 코로나 19 불황으로 자영업자들의 자살 소식이 들려오던 때라 필자는 이 예산안이 법적 근거도 미약할 뿐만 아니라 시기적으로도 부적절하다는 요지로 검토보고서를 작성해 상임위에 보고했다. 그러자 한마디로 염치없는 증액 사업이라는 의원들의 의견이 이어졌다. 정년퇴직 공무원 포상금 증액안에 부정적이라는 의회의 여론이 전해지자, 집행기관의 간부들뿐 아니라 급기야 노조까지 나섰다. 상임위와 본회의장 앞에서 노조원이 1인 시위를 시작한 것이 그즈음이었다. 정년퇴직 공무원 포상금 증액은 구청장과 노조가 노사 간에 합의한 사안이니 구의회는 이 예산안을 통과시키라는 요지의 문구가 1인 시위 피켓에 적혀 있었다. 하지만 노조의 이런 주장은 불난 집에 기름을 부은 격이었다. 마치 지방의회 위에 노조가 군림하는 듯한 주장으로 해석되어 의원들이 몹시 불쾌했기 때문이다. 집행기관은 서울시 자치구의 정년퇴직 공무원 포상금 자료를 근거로 본인들의 현실이 열악하다며 상향평준화 시켜달라고 했지만, 이 또한 설득력이 약했다. 평소에 의원들이 다른 자치구의 우수 사례를 들어가며 기금운용의 활성화 방안 등을 모색하도록 제안할 땐 집행기관의 태도가 거의 매번 부정적이더니 본인들의 후생 복지 사업은 다른 지자체 사례까지 끌고 와서 관철하려고 한다는 의원들의 불만이 터져 나왔다. 노조에 대한 평소 호불호와 상관없이 일종의 괘씸죄가 더해진 셈이었다. 결국 이 예산안은 상임위에서 전액 삭감되었다가 예결위 계수조정 과정에서 노조와 합의한 구청장의 면을 세워주자는 일부 여당 의원들의 요구대로 50% 증액으로 가결되었다.

"어떤 일을 논평하는 사람은 자신이 그 일 밖에 있으니 이롭고 해로움의 실상을 다 살펴야 한다"라는 옛말이 있다. 당사자가 아닌 만큼 우선 모든 이해관계를 파악하는 것이 중요하다는 말이다. 이는 자신이 그 일 안에 있을 때는 논평을 삼가야 한다는 경계이기도 하다.[*] 그래서 집행기관 안에서는 대수롭지 않게 지나치거나 안 보이던 것이 의회에서는 눈에 띄는 경우가 많다. 바둑 두는 이에게 훈수하는 것은 그보다 뛰어나서가 아니다. 승부에 집착하는 당사자에게는 보이지 않는 부분이 있기 때문이다. 집행기관과 의회는 주민복리 향상이라는 방향을 똑같이 지향하지만, 그

---

[*] 2025. 9. 16. 경향신문, "논평자의 자리와 담당자의 자리"

곳에 도달하기까지 서로 역할이 다를 뿐이다. "글쓰기는 상대를 제압하는 게 아니라 상대와 공존하고 싶다는 메시지"라던 《쓰는 몸으로 살기》의 저자 김진해 교수의 말에 공감한다. 오랜 관행대로 배타적이기보다는 역할의 차이를 서로 존중하는 집행기관 직원들의 의식 변화가 필요하다. 공무원들끼리만 좋은 것 말고 주민들 또는 의회에 '좋은 전문위원'이란 과연 무엇일까?

어쨌든 지방의회

넌 가끔가다 지방의회 생각을 하지
난 가끔가다 딴 생각을 해

2024년 12월 3일 밤 언론에 공개된 계엄사령부 포고령 제1호는 국회·지방의회·정당의 활동과 정치적 결사·집회·시위 등 일체의 정치활동 금지를 담고 있다. 엉뚱한 말이지만 그날 TV 뉴스에서 이 포고령을 보는 순간 국회·정당과 함께 지방의회가 정치활동의 장으로 인정받은 것 같아서 기분이 묘했다. '그래, 지방의회도 국회처럼 정치하는 곳이지.' 어찌 보면 당연한 말이지만 지방의회라고 하면 늘 언론에서 동네북 취급을 받았으니 낯설 만도 했다. 계엄포고령에서 지방의회의 헌법적 위상을 확인하다니. 외유성 해외연수, 각종 사건·사고로 인해 일부 시민들로부터 비난받고 외면받을지 몰라도 지방의회는 헌법과 법률에 따라 엄연히 정치하는 곳이다. 5·16 군사쿠데타로 지방자치 제도가 중단되었다가 1991년 부활한 지 30년도 훨씬 지났지만, 아직도 이런 당연한 얘기를 해야 하는 현실이 씁쓸할 따름이다.

2015년 지방의회로 이직한 후부터 지금까지 내 관심사는 지방의원이다. 좀 더 정확하게 말하면 지방의원 중에서도 기초의원이 주된 관심사이다. 누가 어떤 과정을 거쳐 구의원이 되는지부터 궁금했다. 어느 해 지방선거 전에는 출마후보자와 선거사무장 등에게 실시하는 공직선거법 교육을 지역선거관리위원회에 가서 혼자 청강한 적도 있다. 지금은 당시 교육 내용이 흐릿한데 A4 용지 절반 이상을 빼곡히 차지한 후보자의 구비서류를 처음 보고 놀랐던 기억은 생생하다. 기초지자체의 정책이나 사업처럼 기초의원의 출신 직업도 생활밀착형이다. 공인중개사부터 요식업 종사자, 도시가스 배달업체 대표 등 일상생활에서 흔하게 접할 수 있는 직종이 많다. 간혹 정당인, 국회의원 비서관 출신도 있는데 집행기관을 상대로 기초의원의 고충은 비슷했다. 적어도 원내 의정활동과 관련해서는 '어떻게 해야 의회가 제 목소리를 낼 수 있을까'가 가장 고민이었다.

정책지원관 제도가 도입된 2022년 1월 전까지는 기초의

 어쨌든 지방의회

원에게 조례안 발의와 예산안 심사, 행정사무감사 등을 정책적으로 지원하는 것은 의회사무기구에서 전문위원이 유일하다시피 했다. 일부 구의원은 바쁜 전문위원을 대신해 집행기관의 친한 직원에게 각종 질의서를 작성해 달라거나 행정사무감사 착안사항을 알려달라고 했다. 피감기관 직원한테 착안 사항을 알려달라고 한다니, 부끄러운 일이 아닐 수 없다. 그만큼 기초의회는 의회와 집행기관이 별도로 독립된 기관이라는 의식이 적었다.

안타깝게도 그런 의식은 2026년 1월 현재도 크게 다르지 않다. 기초의회일수록 한 다리만 건너면 아는 처지다 보니 다선 의원일수록 집행기관 공무원과 끈끈하다 못해 밀착되어 있다. 지방자치법에 조례안 제·개정부터 예산안 심사, 행정사무감사 등과 같은 의회의 권한을 잔뜩 규정하면 뭐 하나 싶어 한숨이 나올 때가 많다. 지방의 토호 세력이나 이권 집단이 지방의원과 결탁하여 각종 비리 발생 소지가 크므로 지방의회법 제정이 시기상조라는 행정안전부의 주장이 어느 정도 이해는 된다. 법적으로 허용되는 무기^{권한}도 사용할 줄 모르는 지방의원이 태반이고 심지어 기초의회는 무기^{권한}를 사용하도록 돕는 인력조차 부족할 정도니까. 어디서부터 이 문제를 풀어야 할까?

　행정기관의 위법부당한 처분으로 인한 고충민원을 조사하려면 가장 먼저 민원인의 입장에서 생각하는 고충마인드가 필요하다. 그게 지방의회 이전의 내 직업이었던 권익위 조사관의 출발점이다. 마찬가지로 안건을 의회 중심으로 보려는 태도를 의회마인드라고 부르고 싶다. 거의 모든 행정 관행이 집행기관 위주, 즉 단체장 중심인 현실에서 의회 입장에 선다는 것은 좋은 게 좋다는 식의 태도를 지양하려는 관점이다. 곧 소수의견을 자처하는 셈이다.

　망치를 들고 있으면 모든 것이 못으로 보인다고 했던가. 의회마인드에 충실할수록 지방행정과 정책에서 안 보이던 게 보였다. 예를 들면 이런 식이다. 2025년 7월 동작구는 45년 만에 장승배기역 신청사로 이전했다. 1,000명이 넘는 직원이 상주하는 공공청사를 이사하는 일은 보통 일이 아니다. 이사 몇 개월 전부터 계획 수립과 업체 계약, 각종 비품 현황조사 및 구매계약, 공간 배치 조정 등을 주도한 신청사추진단의 노고에 박수를 보내고 싶다. 문제는 엉

　　　　　　　　　　　　어쨌든 지방의회

뚱한 곳에서 터졌다. 7월 초 신청사 이사 후인 8월 말부터 9월 초까지 동작구의회는 임시회 기간이었다. 연중 의사일정에도 이미 임시회로 공지되었고 이 기간 동안 구정질문을 하기로 예정된 상황이었다. 하지만 임시회 전 열린 의회 운영위에서는 구정질문을 아예 의사일정에서 빼버리자는 의원이 있어 논란이 일었다. 신청사 이사와 후속 업무 처리 등으로 직원들이 고생하고 있으니 이번 임시회에서 구정질문을 삭제해달라는 집행기관의 요청이 있었다는 거였다. 그러자 구정질문을 굳이 의사일정에서 뺄 필요가 없이 구정질문을 할지 말지를 의원들이 선택하도록 하고 직원들을 배려하고 싶으면 의원들이 구정질문을 자제하는 식이 적절하다는 의견과 아예 의사일정에서 빼자는 의견이 팽팽하게 맞섰다. 이 사안을 의회마인드로 본다면 어떨까? 우선 구정질문은 의회가 집행기관을 상대로 행사할 수 있는 엄연한 법적 권한이다. 구의회가 단체장을 견제할 수 있는 정치적 수단 가운데 하나가 구정질문이다. 이미 연간 의사일정에 공개된 구정질문을 아예 삭제하는 것은 과도하다. 집행기관 직원들이 신청사 이전으로 고충이 많은 점을 의회가 배려해 주고 싶다면 개별 의원들이 구정질문을 자제하거나 서면으로 진행하면 된다. 하자보수나 이삿짐 정리가 있다고 하지만 이사하고 임시회가 거의 두 달 가까이 경과한 때임을 감안하면 구정질문을 아예 빼달라는 집행기관의 요청은 지나쳐 보였다. 마치 구청장을 비롯한 집행기관이 구의원의 구정질문을 해도 그만 안 해도 그만인 것처럼 대하는 것 같았기 때문이다. 어찌 된 일인지 평소 집행기관 직원과 구청장이 구의회를 무시한다면서 흥분하던 일부 의원들의 모습은 온데간데 없었다. 지방의회의 위상과 권위는 이미 주어진 권한부터 제대로 사용할 때 확보할 수 있다. 해도 그만 안 해도 그만인 것처럼 원내 의정활동을 하찮게 여기는 지방의회의원의 태도는 누워서 침 뱉기를 하며 무지를 드러내는 것이나 마찬가지이다. 물론 당협위원장이나 지역위원장 중심으로 지방의회의원의 공천과 의정활동을 좌지우지하는 현행 정치제도의 탓이 가장 큰 원인이라는 점은 잘 알고 있다.

의회마인드와 관련된 사례는 더 있다. 비회기 중이던 어느 날 B의원이 나를 의원실로 불렀다. 갑자기 무슨 일인가 싶어 나는 하던 일을 서둘러 정리하고 곧바로 의원실로 달려갔다. 내가 소파에 앉자마자 성격이 급한 B의원은 질문부터 했다.

"전문위원님, ESG^{Environmental, Social and Corporate Governance}라고 아세요?"

"네, 대충은 알고 있습니다만. 왜 그러신지."

"우리 의회에서 ESG에 대해 의원연구단체를 하고 있잖아요. 근데 전문가한테 ESG에 관한 설명을 들으면 들을수록 난 가족공동체가 떠오르네요. 사회가 지속가능한 것도 좋지만 가족공동체부터 지속가능해야 하는 거 아니에요?"

"네, 맞는 말씀입니다."

"그래서 하는 말인데, 우리 구라도 가족공동체를 건전하게 가꿀 수 있는 조례를 만들 순 없을까요? 가족공동체 활성화 조례라든지……."

"아, 예. 제가 고민해 보고 말씀드리겠습니다."

가족공동체 활성화?! 조금 황당했지만 B의원의 문제의식이 아주 틀린 말은 아니어서 무작정 조례 제정을 만류하긴 어려웠다. 법률도 아니고 자치구 조례로 가족공동체 활성화를 위해 뭘 할 수 있을까, 비슷한 조례가 다른 지자체에 있기는 할까⋯⋯. 의원실을 나오자마자 내 머릿속엔 질문이 꼬리에 꼬리를 물었다. 다음날 이런저런 자료를 검색하던 중 문득 '효행 장려'가 떠올랐다. 맞다, 가족공동체가 붕괴되고 1인 가족이 증가한 현실엔 여러 가지 복합적인 원인이 있겠지만 부모와 자식 간의 효孝사상이 희미해진 탓도 그중 하나가 아닐까 싶었다. 자치구 조례로 가족공동체의 모든 문제를 해결할 순 없지만 적어도 부모와 자식 간의 기본적인 관계만큼은 구의회가 관심을 표현할 수 있지 않을까 하는 생각에 이르렀다. 국책 연구기관과 각종 용역 보고서를 찾아보니 내 생각이 틀리지 않았다. 그렇다면 우리 구에는 효행 장려 조례가 있나? 〈국가법령정보센터〉 홈페이지에서 검색해 보니 서울시 자치구 가운데 하필이면 우리 구를 제외하고 이미 24곳이나 효행 장려 조례가 있었다. 우리 구는 왜 효행 장려 조례가 없을까 궁금했다. 자료를 더 찾아보니 우리 구에는 노인 복지문화 지원 조례에서 효행 장려 조항을 규정하고 있었다. 여기까지 현황을 파악하고 나니 B의원의 요청 사항을 어떻게 처리할지 방향이 보였다. 그래, 효행 장려를 위한 별도 조례를 제정하자. 동시에 노인 복지문화 지원 조례에서 효행 장려 조항을 삭제하는 부칙을 규정하자. 별도 조례안에는 다른 지자체에 없는 구청장의 책무와 지원사업 조항도 신설하자. 다음날, 이 내용을 보고하자 B의원은 흡족해했다. 현행 조례를 일부 개정하면서 별도 조례를 제정하지만 이미 대부분의 자치구에 있는 조례이니 소관부서도 거부감이 적었다. 결과적으로 의원의 문제의식을 자치입법으로 구현하면서도 집행기관에 큰 부담을 주지 않을 수 있었다. 그렇게 B의원 발의 조례안은 다음 임시회에서 일부 수정을 거쳐 가결되었다.

만일 의회마인드가 없는 전문위원이라면 어떻게 대응했을까? 그동안의 경험상 '기존 조례로 충분하니 굳이 별도 조례가 필요할까'라고 답하지 않았을까 짐작할 뿐이다. 중요한 점은 의회와 집행기관 중 어느 곳을 먼저 중시할지 우선순위의 문제이다.

"사랑하면 알게 되고, 알게 되면 보이나니, 그때 보이는 것은 전과 같지 않으리라". 유홍준의 《나의 문화유산 답사기》에서 특히 내 마음을 사로잡은 구절이다. 지방의회도 그렇다. 언론에 비친 부정적인 이미지를 지방의회의 전부로 알고 있다면 전혀 동의하기 어렵다. 흠도 많고 고쳐야 할 점도 많은 지방의회지만 엄연히 주민들의 투표로 선출된 대의기관이다. 지방의회 혐오를 부추기는 일부 언론의 자극적인 보도에 휘둘리지 않아야 한다. 영화 평론을 모은《정확한 사랑의 실험》의 저자이자 문학평론가인 신형철은 문학작품과 마찬가지로 영화도 여러 번 본다면서 작품을 연인에 비유했다. 평론가가 작품을 대하는 태도는 사랑하는 사람을 대할 때와 같아야 한다고. 좋은 말만 하라는 게 아니라, 사랑하는 사람에게만 보이는 게 있다는 뜻이다. 작품을 해석한다는 건 사랑에 빠지는 것과 비슷하다는 신형철 평론가의 고백[*]을 읽으며 생뚱맞게도 평론가와 전문위원의 묘한 동질감을 느꼈다. 의회마인드는 결코 대단하거나 특별한 의미가 아니다. 의회마인드를 1990년대 화제를 모았던 원태연 시인의 대표 시집《넌 가끔가다 내 생각을 하지 난 가끔가다 딴 생각을 해》를 조금 변형해서 표현할 수도 있다. '넌, 가끔가다 지방의회를 생각하지! 난 가끔가다 딴 생각을 해.'

<hr>

[*] 월간 《국회도서관》 2020년 5월호에 실린 문학평론가 신형철의 인터뷰 내용 일부를 수정해서 인용함

대나무 숲

"임금님 귀는 당나귀 귀"라는 유명한 설화가 있다. 기억이 가물가물한 독자를 위해 간단히 줄거리를 요약하면 이렇다. 어느 한 나라의 임금이 남모르는 심각한 고민이 있었는데, 바로 귀가 당나귀 귀처럼 크다는 것이었다. 귀가 너무 볼썽사나워지자, 임금은 큰 모자를 쓰기로 결심했다. 이에 최고의 갓장이를 불렀고 침소 안에서 임금은 갓장이에게 자신의 모습을 보여주었다. 그러자 갓장이는 임금의 모습을 보고 깜짝 놀랐지만 웃음을 꾹 참았다. 감히 무엄하게 임금의 모습을 보고 웃으면 목이 달아나니까. 임금은 갓장이에게 이 귀를 가릴 만큼의 큰 모자를 만들어달라 하고 만일 소문을 내면 반드시 일족을 멸하겠다고 엄포를 놓았다. 갓장이는 왕의 명을 받아들여 서둘러 귀를 가릴 정도의 큰 모자를 만들어 바쳤다. 왕은 그 모자를 쓰고 오랜 고민이 해결됐지만 문제는 갓장이였다. 갓장이는 왕의 비밀을 알면서도 함부로 발설할 수가 없으니, 마음고생이 이만저만이 아니었다. 결국 골병이 든 갓장이는 '에라, 병으로 죽으나 처형당해 죽으나 어차피 죽는 건 매한가지 아닌가. 차라리 속 시원하게 말을 하고 죽자'라고 결심하고 한밤중에 뒷산의 대나무 숲에서 '임금님 귀는 당나귀 귀닷!!!'라고 큰 소리로 외쳤다. 이렇게 계속 소리를 지르자 속이 후련해지고 병이 나았는데, 문제는 이때부터였다. 그 이후 대나무 숲에 바람이 불기 시작하면 '임금님 귀는 당나귀 귀!!'라는 소리가 들렸고 궁궐은 난리가 났다. 왕은 놀라서 서둘러 대나무를 자르라 했으나, 대나무가 자라면 바로 그 소리가 들렸으니……. 온 나라 전체가 왕의 귀가 당나귀 귀라는 걸 모르는 사람이 한 명도 없게 되었다는 줄거리이다.

여기서 내 눈길을 끈 것은 '대나무 숲'이다. 지방의회에서 일하다 보면 우연히 의원의 사적인 얘기부터 내밀한 정보까지 들을 기회가 많다. 이럴 때일수록 의회사무기구 직원이라면 대나무 숲 같은 태도가 중요하다. '임금님 귀는 당나귀 귀'라는 말이 대나무 숲에 머물렀듯이 의원의 사적

　　　　　　　　　　　　　　어쨌든 지방의회

인 정보를 알더라도 못 들은 척할 줄 알아야 한다. 무슨 귀한 정보라도 아는 것처럼 으쓱대며 동료 직원이나 다른 의원과 술자리에서 술안주처럼 말하는 것은 곤란하다. 앞에서도 언급했듯이 2015년 지방의회로 이직했을 당시만 해도 의회사무기구의 일부 행정직 전문위원과 팀장들은 의원들의 동향부터 상임위 심사 전 전문위원의 안건 검토 결과를 거의 실시간으로 집행기관 직원에게 퍼 나르느냐 바빴다. 당시엔 지방의회의 인사권도 독립되기 전이었고 직원들에게 의회사무기구는 1~2년쯤 쉬었다 가는 곳에 불과했다. 의회에 근무하는 행정직 직원은 집행기관의 간부나 동료, 선후배들에게 정보를 제공하면서 자신의 평판을 관리했다. 그래야 언젠가 집행기관으로 복귀할 때 덜 힘들 테니까. 대나무 숲은 그런 배경에서 떠올린 개념이다. 대나무 숲은 지방의회 사무기구 직원의 직업윤리로 삼고 싶은 말이기도 하다. 의원의 소속 정당이 어디든 남녀노소를 불문하고 신뢰가 깨지면 회복하기는 쉽지 않다. 안 좋은 소문은 돌고 돌아 당사자의 귀까지 들어가기도 한다. 의회사무기구 직원이라면 의원의 개별적인 요청이나 넋두리부터 동료의원이나 간부들 뒷담화까지 대나무 숲처럼 그냥 경청하면 된다. 때로는 검토보고서 작성이나 자치법규 입안, 질의서 작성 못지않게 이런 대나무 숲 역할이 전문위원에게 훨씬 중요한 경우도 많았다. 예를 들면 B 구의회에서 근무하던 어느 날엔 한두 시간 단위로 의원실로 불려 가 모두 5명의 의원과 연이어서 일대일로 티타임을 한 적도 있다. 동료의원이나 당협지역위원장 험담부터 발의안 관련 대응 방안 등 대화의 소재는 다양했다. 그날은 퇴근하는 내몸이 마치 온몸을 흠씬 두들겨 맞은 명태포처럼 너덜너덜해진 기분이었다. 약 1시간 내외로 의원의 얘길 들어주면서 내가 몇 마디 의견을 말하는 것인데도 이 방에서 저 방으로 불려 다녔으니 그럴 만도 하다. 돌이켜 보면 몸은 피곤했지만, 의원들의 솔직한 넋두리 속에서 지방의회의원을 좀 더 현실적으로 느낄 수 있었다.

당연한 말이지만 직업이 정치인일 뿐 구의원도 매 순간 감정과 콤플렉스에 휘둘리는 약한 인간이다. 의회사무기구에서 일하는 동료 직원들도 마찬가지이다. 필자는 어공 전문위원 〈시즌2〉부터 의원이나 직원들과 대화할 때 늘 '과유불급過猶不及'을 의식한다. 마침, 화순 불암사 주지 법인 스

   어쨌든 지방의회

님의 칼럼 '성장을 돕는 정의'[*]를 읽으며 내 문제의식과 같아서 무릎을 친 적이 있다. 특히 조언과 충고의 목적은 승부가 아니라 서로의 성숙과 성장이라는 말씀이 가장 와닿는다. 칼럼의 내용을 아래에 일부 소개한다.

아무리 옳은 말이라도 지나치면 사람의 감정을 상하게 한다. 감정이 상하면 옳고 그름의 판단은 사라지고 불쾌함만 남는다. 세네카는 "분노 속의 충고는 늘 처벌처럼 들린다"고 했고, 데일 카네기는 "비판은 사람을 방어적으로 만들며 변명하게 한다. 진심 어린 칭찬으로 시작하라"고 했다. 붓다는 허물을 지적하는 다섯 기준을 제시했다. 첫째 사실이어야 하고, 둘째 때를 알아야 하며, 셋째 이치에 맞아야 한다. 넷째 부드럽게 말해야 하고, 다섯째 자비심으로 말해야 한다. 오늘날에도 유효한 원칙이다. 그러나 이렇게 충고해도 상대가 듣지 않으면 어떻게 하느냐는 질문에 붓다는 "침묵하라"고 답한다. 공자 역시 "성심으로 충고해도 듣지 않으면 그만두어라. 자신을 욕되게 하지 말라"고 했다. 지나치게 상대방의 개조에 매달리지 말고, 할 일을 다

했다면 침묵과 숙려의 시간을 가지라는 의미로 읽힌다. 또한 '옳음'에 집착하다 '관계'를 해치지 말라는 뜻도 담겨있다. 조언과 충고의 목적은 승부가 아니라 서로의 성숙과 성장이다.

메모는 나의 힘

2025년 프로야구 한국시리즈에서 LG트윈스의 우승을 이끈 염경엽 감독의 인터뷰가 눈길을 사로잡았다. 2023년부터 3년째 프로야구 LG 트윈스를 이끌고 있는 염경엽 감독에게 자신의 리더십이 무엇인지 기자가 물었다. 그는 명확한 답 대신 자신의 휴대전화부터 먼저 꺼낸다. 기기에 저장된 파일은 수백 개. 그중에서도 'Youm염리더십'이란 제목을 단 문서폴더는 염 감독이 가장 애지중지한다. 틈날 때마다 생각을 정리하거나 자신을 가다듬을 때는 이 폴더가 여지없이 열린다. 염 감독이 10년 넘게 갈고닦아 만들었다는 '염리더십'은 2025년 LG 트윈스를 통산 4번째 정규시즌, 한국시리즈 통합 우승으로 이끌었다. 2023년 LG 사령탑에 올라 감독으로서 두 번째 우승을 달성한 그는 최근 총액 30억 원에 3년 더 팀을 이끌면서 처음 '감독 연봉 10억 원'

시대를 열고 성공한 감독이 됐다.[*] 이렇게 신기하고 반가울 수가, 유명 프로야구 감독이 나처럼 메모광이라니.

메모 습관을 어떻게 표현할까 한참 동안 고민하다가 그냥 힘을 빼고 경험을 정리해 보기로 마음을 고쳐먹었다. 단언컨대 지난 18년간 권익위 조사관과 구의회 전문위원 생활을 견딜 수 있었던 것은 영화나 북토크를 제외하면 오로지 메모 습관 덕분이다. 우울이나 불안과 씨름할 때 습관적으로 끄적인 일기에서 우연히 현재의 나를 자각했고 실낱같은 희망을 꿈꿀 수 있었다. 직장생활 중에 책을 출간할 수 있었던 배경에도 꾸준한 메모를 빼놓을 수는 없다. 누군가에게 이런 경험도 도움이 될지 모른다는 핑계로 나의 지극히 주관적인 메모의 역사歷史를 나누고 싶다.

누구나 월간, 주간, 일간 계획 등을 기억하기 좋게 캘린더나 다이어리, 수첩에 적는다. 학부 시절까지 나도 그랬다. 과제 제출 기한이나 식사 약속, 강의 시간이나 휴강일, 교

---

[*] 2025. 11. 15. 매일경제, "무명·무관을 넘어 염갈량으로…'나를 만든 건 메모하는 습관'"

　　　　　　　　　　　어쨌든 지방의회

내 저자강연 등을 A4 용지 절반쯤 크기의 다이어리를 사용
했다. 달성한 일정은 끄트머리에 브이(V) 표시를 하거나 두
줄로 그었다. 학부 때까지는 시간 관리라고 해봐야 다이어
리에 주요 일정의 달성 여부를 체크하거나 약속을 기억하
려고 일정을 적는 정도가 거의 다였다. 이런 일정 위주 기
록이 좀 더 풍부하고 체계적으로 바뀐 계기는 2003년 대학
원 재학 때 수강한 시간관리와 리더십 강좌이다. 당시 교내
대학생활문화원에서는 학부생과 대학원생을 대상으로 다
양한 리더십 프로그램을 무료로 진행했다. 각각 10주 이상
진행된 〈성공하는 사람들의 일곱 가지 습관〉 워크숍과 〈데
일카네기 리더십 프로그램〉이 그것인데 학교 밖에서 들으
려면 수강료가 수백만 원이나 드는 고가의 프로그램이라
수강 경쟁이 치열했다. 전공인 도시계획에 크게 흥미를 느
끼지 못하던 나는 운 좋게도 두 강좌를 모두 수강할 수 있
었다. 〈데일카네기 리더십 프로그램〉에서는 종강 시간에
30명이 넘는 수강생들이 투표로 뽑은 MVP로 선정되는 영
광을 누리기도 했다. 대학원 전공 시간엔 움츠러들고 대학
생활문화원에선 활기찼던 시절이었다.

그렇게 〈성공하는 사람들의 7가지 습관〉 프로그램에서

원작자인 스티븐 코비^{Stephen Covey, 1932~2012} 박사의 프랭클린 플래너 사용법을 배웠고 직접 사용하기 시작했다. 자신이 최고로 여기는 가치를 확인하고 자기 사명선언서를 써보면서 자신의 핵심적인 역할을 결정하는 과정을 기록했다. 가치와 사명을 발견했다면 그것을 기반으로 꿈의 목록을 만들어 봤다. 이것을 토대로 구체적인 목표와 계획을 정리했다. 목표 설정은 중간 단계를 작성하고 여러 단계의 중요성에 따라 우선순위를 정했다. 각 중간 단계들의 마감 기한을 정해 지키고 마감 날짜를 월간, 주간, 일간 단위로 플래너에 기록했다. 이 모든 과정을 시각적으로 알아보기 편하게 구성한 것이 프랭클린 플래너 속지이다. 이미 플래너를 십분 활용하고 있던 명사들의 경험담을 직접 강의를 통해 배우기도 했다. 그날그날 인상이 깊었던 사건이나 책, 영화, 신문 기사에 대한 감상부터 스크랩까지 모두 플래너에 담으려고 했다. 2003년부터 2020년경까지 약 17년간 플래너를 사용했는데 아직도 집 거실 책장의 한켠에 바인더로 정리한 플래너 속지를 연도별로 보관하고 있다. 어설프지만 이일우에 관한 사료^{史料}가 아닐 수 없다. 2020년경부터는 인터넷에서 검색한 디지털 자료를 쉽게 스크랩하기 위해 네

   어쨌든 지방의회

이버 밴드에 회원이 나 혼자인 방을 만들어 메모와 자료를 축적하기 시작했다. 종이로 된 플래너 속지에 볼펜으로 끄적이는 메모도 나쁘진 않았지만, 가끔 예전 메모나 자료를 검색하려면 월간, 일간 플래너 속지를 일일이 열어봐야 하는 게 귀찮고 불편했다. 일 년에 한 번 구매한다지만 몇만 원이나 되는 플래너의 속지나 바인더 가격도 부담됐다. 에버노트 같은 메모 어플을 사용해 보려고 몇 번을 시도했지만, 초보 사용자에게 진입 장벽이 높게 느껴져 사용을 포기했다.

6년 가까이 네이버 밴드에 메모하는 습관은 업무 관련 정보를 수집하는 장점 외에 검토보고서 작성을 도와주는 효과도 크다. 전문위원이 작성하는 안건 검토보고서는 착안 사항마다 근거자료를 제시해야 한다. 신문기사나 언론 보도를 풍부하게 섭렵해 나만의 데이터베이스를 구축하는 것은 검토보고서 작성 시간을 상당히 줄여준다. 숙련된 전문위원은 검토보고서나 질의서를 회기를 코앞에 두고 닥쳐서 작성하는 것이 아니라 이런 식으로 평소에 작성한다. 평소에 각종 착안 사항 관련 자료인 '구슬'을 미리미리 모아둬야 한다. 그래야 결정적인 순간에 모아둔 구슬을 꿰어 '보배'로 만들 수 있다. 상임위에 상정된 안건이 많아도 필자가 제출 마감일을 넘기지 않으면서 의원들이 선호하는 검토보고서를 작성할 수 있는 비결 중 하나이다. 물론 서울시의회처럼 광역의회의 전문위원은 기초의회 전문위원과 업무 내용과 역할이 많이 다르다. 광역의회는 입법조사관이 작성한 검토보고서를 전문위원이 검토하고 최종적으로 수석전문위원이 상임위에서 보고한다. 즉 광역의회에서 검토보고서의 작성자는 입법조사관이고 전문위원과 수석전문위원은 검토자이다. 앞서 밝힌 메모 습관의 의미는 광역의회 입법조사관과 기초의회 전문위원, 정책지원관에게 해당한다고 할 수 있다. 조금 다른 측면에서 필자가 아쉬워하는 대목이 있다. 필자처럼 주로 기초의회 어공 전문위원으로 일했다면 검토보고서 작성 훈련은 많이 했을지 몰라도 관리자로서 경험은 부족할 수 있다. 기초의회 전문위원은 광역의회처럼 계선조직이 아니므로 결재권도 없고 복무상 관리할 인력이 없기 때문이다.

20년 넘게 꾸준한 메모만큼 빼놓을 수 없는 습관이 종

	어쨌든 지방의회

이신문 읽기이다. 인터넷과 AI 확산으로 예전만큼 인기는 없어도 나한테 종이신문은 아라비안나이트에 나오는 '천리 안'과 같다. 사무실에 앉아 전국의 지자체에서 벌어지는 주요 사건과 안건을 두루 섭렵할 수 있기 때문이다. 유능한 전문위원과 정책지원관이라면 정보의 바다에서 의원이 필요한 정보를 신속, 정확하게 조사해 편집하는 능력이 중요하다. 종이신문은 그런 안목을 길러주기에 매우 유용하다. 지방의회로 이직하고 거의 매일 5~6개 중앙일간지와 한두 개의 지역신문을 읽었다. 전문위원실에서 신문을 구독하지 않더라도 의장실이나 사무국장실 등에 배달되는 신문을 하루 지난 아침에 수집해서 읽었다. 하루만 지나면 어차피 폐기되는 신문이라 의회의 환경미화를 담당하는 분들께 간곡히 부탁했다. 임시회나 정례회 일정으로 신문을 읽지 못할 땐 잔뜩 쌓아두었다가 회기가 끝나면 한꺼번에 읽었다. 업무에 도움이 될 만한 신문 기사를 일일이 가위로 오려 스크랩하는 일이 번거롭다 보니 메모 도구를 플래너에서 네이버 밴드로 갈아탔는지 모른다. 종이신문에서 상임위 관련 정보나 검토보고서에 요긴한 기사를 발견했을 때의 기쁨을 종종 '사금 채취'라고 아내에게 표현할 정도다.

　　메모와 관련해서 잊을 수 없는 한 분을 소개하고 싶다. 그동안 기록에 진심인 사람을 숱하게 봤지만, 필자가 직접 대면해본 기록의 달인은 서울대 환경대학원 故 김안제 명예 교수이다. 석사과정 시절 김안제 교수의 전공과목 강의는 특유의 입담과 위트로 지루할 틈이 없었다. 그뿐만 아니라 김안제 교수는 모든 걸 기록한 기록의 달인으로도 이미 유명했다. 참여정부의 신행정수도추진위원장으로 임명장을 받는 자리에서 故 노무현 대통령이 "오늘 돌아가서 기록하실 거지요?"라며 지난번 선물로 받은 2,700페이지짜리 《김안제 인생백서 – 출생에서 고희까지 칠십 평생애의 기록전집》을 화제로 올렸을 정도이다.[*] 이 책에는 김안제 교수가 평생 마신 술의 양, 피운 담배 개비 수, 누굴 어디서 만났는지, 1936년부터 2006년까지 그의 탄생에서부터 고희까지의 모습을 구체적으로 알 수 있을 정도로 한 인물의 생생한 사료가 빼곡하게 담겨있다. 당시 언론에서는 이 책이 부산대와 몇 대학 사회학과에서 부교재로 채택됐다고 전했다. 대하소설 《태백산맥》, 《한강》, 《아리랑》을 완성한 소설가 조정래, 대하소설 《토지》의 소설가 박경리의 삶에

서 작가로서의 성실함, 치열함에 놀랐지만, 기록만 놓고 보면 김안제 교수가 끝판왕일 것 같다. 조선시대 사관처럼 자신의 일거수일투족을 샅샅이 기록했으니 더 이상 무슨 말이 필요할까. 꾸준한 메모는 나의 생애사를 구성하는 사료이자 흔적이다. 기초의회의 원내 의정활동 에피소드를 나만의 방식으로 기록하는 필자의 문제의식도 그렇다.

배가 산으로 간 행정과 버킷리스트

2020년 서울시 B 구는 기증받은 폐선박을 리모델링하여 생태공원에 어린이 실내놀이터 용도의 '유람선 놀이터' 개관을 추진하였다. 유람선 놀이터는 원래 길이 25.3m, 폭 5m, 높이 4m 규모의 선박으로 1992년에 건조됐다. B 구는 4억 원을 들여 엔진, 의자 등 내부 시설물을 철거하고 어린이 놀이터로 리모델링했다. 유람선 놀이터는 총면적 $130m^2$ 규모로 유람선이라는 점에 착안해 파노라마 뷰를 활용한 낚시, 모래놀이, 복층 형태의 조타실을 활용한 다락방 등 배와 관련된 시설을 마련해 눈길을 끌었다.[*] 하지만 코로나19 확산으로 유람선 놀이터는 개관이 미뤄졌고 시범 운영 이후 거의 방치되면서 관리를 위한 인건비만 1년 이상 계속 집행되고 말았다. 당시 해당 구의회에서는 일부 여당

[*] 2020. 5. 22. 서울신문, "낡은 배가 있네? 짠! 어린이 놀이터로"

의원들조차 코로나19 시기에 유람선 놀이터는 보여주기식 행정이자 예산 낭비라며 '배가 산으로 간 행정'이라고 씁쓸해했다. 유람선 놀이터 사업의 타당성을 따지자는 것이 결코 아니다. 지자체장이 추진하는 각종 튀는 사업을 다른 시각에서 비판하고 견제하는 지방의회의 활동이 주민들에게 바로바로 전달되지 않는 현실이 안타까울 따름이다.

죽기 전에 꼭 해야 할 일이나 하고 싶은 일에 대한 리스트를 버킷리스트^{bucket list}라고 한다. 중세 시대에 자살할 때 목에 밧줄을 감고 양동이를 차 버리는 행위에서 유래했다고 들었다. 내게도 유일한 버킷리스트가 있다. 지방의회를 배경으로 지방의원과 의회사무기구 직원들이 주·조연인 드라마를 제작하는 일이다. 외유성 해외연수나 다니고 각종 비리에 연루되는 것이 지방의회의 전모가 아니라는 것을 이야기로 풀어내고 싶다. 2014년부터 2019년까지 공중파에서 인기리에 방영된 드라마 〈정도전〉, 〈어셈블리〉, 〈녹두꽃〉의 공통점은 뭘까? 이 작품들의 극본을 집필한 사람은 다름 아닌 국회 보좌관 출신의 정현민 작가이다. 사극 〈정도전〉은 방영 당시 19.8%라는 최고시청률을 기록했고

　　　　　　　　　어쨌든 지방의회

정도전, 이인임, 이성계 등 주요 등장인물의 명대사를 편집한 동영상은 유튜브에서 여전히 인기이다. 평소 사극을 즐겨보지 않던 나도 본방사수를 했을 정도였다. 정치 현장 경험을 실감 나게 풀어낸 작가의 솜씨가 대단하다. 그만큼 이미 오래전부터 특정 직업을 소재로 제작된 드라마나 영화는 흔하다.

'일하는 사람이 글을 써야 세상이 바뀝니다.'라는 월간 〈작은책〉의 슬로건을 평소 좋아한다. 나는 여기에다 일하는 사람이 글을 써야 하고 그 글을 드라마로 만들어야 세상이 바뀐다고 덧붙이고 싶다. 바야흐로 영상의 시대가 아닌가. 영화관이나 TV가 아니어도 언제든 스마트폰에서 손쉽게 동영상을 시청할 수 있다. 내가 글쓰기에 관심을 가진 이유도 검토보고서를 잘 쓰고 싶은 직업상 필요도 있지만 혹시 있을지 모를 방송작가 데뷔를 꿈꾸고 있기 때문이다. 극본을 직접 쓰는 전업 방송작가를 하겠다는 것은 아니다. 기초의회의 이모저모를 기록으로 남겨서 그것이 언제가 드라마로 만들어지기를 꿈꾼다. 지방의회에 대한 주민들의 관심을 조금이라도 유도할 수 있을 것 같기 때문이다.

이제까지 지방의회와 관련된 언론보도는 태반이 선정적이고 피상적이기만 하다. 언론사와 기자 이름을 가리고 보면 비슷비슷한 헤드라인의 기사가 대부분이고, 확대 재생산됐다. 지방의회가 왜 이런 현실인지 제도적 허점이나 원인을 심층적으로 파고드는 기사는 드물다. 시민들은 평소 지방의회에 관심이 없다가 우연히 그런 자극적인 기사만 접하게 되니 마치 '지방의회가 늘 저렇지.'라고 오해할 수밖에 없다. 10년 가까이 내부자로 일해보니 주민들이 오해하는 지방의회의 모습이 너무나도 많다. 무플보다 악플이 낫다 했으니 관심이 없는 것보다 오해가 많은 걸 위안으로 여겨야 하나 싶을 정도다. 지방의원도 엄연한 선출직 정치인이다. 투표로 뽑는 지방의회의원의 활동에 유권자가 무관심할수록 지방자치라는 배는 엉뚱한 곳으로 갈지도 모른다. 지방의회의 대중화, 내가 지방의회를 소재로 재밌는 드라마를 만드는 버킷리스트를 가진 이유이다.

지방의회는 풀꽃입니다

풀꽃

— 나태주

자세히 보아야

예쁘다

오래 보아야

사랑스럽다

너도 그렇다

(지방의회도 그렇다)

첫 책을 출간하고 지방의회나 인재개발원 등에서 교육할 때마다 내 PPT 자료의 마지막 슬라이드는 나태주 시인의 시 "풀꽃"이다. 가급적이면 수강생들이 이 시를 함께 낭송하도록 한다. 시의 마지막 줄인 '너도 그렇다'가 끝날 즈음 괄호 안의 문장이 애니메이션 효과로 화면에 보이면 내가 '지방의회도 그렇다'라고 힘주어 말한다.

풀꽃이든 지방의회든 자세히 오래 보아야 사랑스럽다. 만일 그렇게 했는데도 지방의회를 혐오한다면 나도 방법이 없다. 그러나 대부분은 TV나 신문에서 본 자극적인 기사만으로 마치 지방의회를 다 아는 것처럼 착각한다.

부끄럽지만 지방의회로 이직하기 전까지 나도 그랬다. '먹고 살기도 바쁜데 무슨 지방의회까지 챙겨보랴. 국회의원들 싸우는 장면도 신물이 나는데……'라고 생각했다. 10년 가까이 내부자로 좌충우돌하다 보니 지방의회에 대한 이런 막연한 혐오감이나 선입견이 한편으로 이해는 되면서도 다른 한편으로는 안타까웠다. '선입견을 조금만 걷어내면 지방의회의 진면목을 알 수 있을 텐데……' 이런 마음을 품게 되는 날들이 점점 늘어갔다. 가끔 내 첫 책에 저자 사인을 해달라는 부탁을 받을 때 '풀뿌리 지방자치' 대

  어쨌든 지방의회

신 '지방의회는 풀꽃입니다'라고 적어주는 이유이다.

　이번 원고를 퇴고하던 2025년 12월 말부터 2026년 1월까지 국회의원과 지방의원 사이의 부적절한 공천 거래 관련 뉴스가 연일 보도되었다. 어느 일간지는 "서울시 출마 희망자 30명, 여야 의원에 5년간 고액후원금"을 단독으로 보도하기도 했다.[*] 수사를 통해 사실관계가 명명백백하게 밝혀지겠지만 그동안 거대 정당들이 지방의회의원으로 어떤 인물을 공천하고 당선시켰는가를 짐작할 수 있는 사건이 아닐 수 없다. 익히 들어 알고 있었지만 지방의원 공천 기준이 주민들을 위해 원내 의정활동을 얼마나 잘할까 보다 국회의원 선거에 얼마나 도움이 될지, 국회의원에게 얼마나 돈을 많이 후원할 수 있는지 등이 핵심인 것 같아서 마음이 답답해져 한숨이 나온다. 이러니 꼴불견 지방의회가 비일비재하고 지역 정치의 '을'인 지방의회의원이 억울할 수밖에. 이번 사건을 계기로 지방의회의원 공천과정이 조금이라도 투명하고 공정해지도록 부디 법과 제도 개선이 이뤄지기를 간절히 바랄 뿐이다.

---

[*]　2026. 1. 6. 국민일보, "[단독] 서울시 출마 희망자 30명, 여야 의원에 5년간 고액 후원금"

2022년 인기리에 방영된 SBS 드라마 〈악의 마음을 읽는 자들〉을 빼놓지 않고 본 적이 있다. 연쇄살인범들의 마음속을 치열하게 들여다봐야 했던 프로파일러의 이야기가 내 시선을 사로잡았다. 결은 다르지만, 전문위원도 지방의원의 마음과 욕망을 수시로 들여다봐야 한다. 원하든 원치 않든 지방의원의 가장 가까이에서 호흡하고 소통하는 직위가 전문위원이기 때문이다.

그 드라마에서 배우 김남길이 연기했던 인물의 실제 모델인 권일용 교수를 2024년 가을 무렵 본 적이 있다. 당시 노량진에 있던 동작구의회에서 도보로 불과 10분 거리에 있는 CTS 아트홀기독교TV 공연장에서 열린 〈그것이 알고 싶다〉 담당 PD의 북토크 행사였다. 내 눈엔 게스트로 나온 권일용 교수만 보였는데, 국내에서 프로파일러라는 직업이 생소했던 2000년부터 그 직업을 어떻게 견뎠고 전문가로 자리매김을 할 수 있었는지 가장 궁금했다. 분야만 다를 뿐 구의회 임기제 전문위원도 기초지자체에서 대체로 냉소와 모멸감을 겪는 처지다 보니 내심 위로와 격려의 말이라도 듣고 싶었던 것 같다.

     어쨌든 지방의회

"오직 (사건의) 피해자만 생각해라. 그러면 (현장에서) 힘들 때 견딜 수 있다."

질의응답 시간에 권일용 교수가 힘들어하는 후배 프로파일러와 김남길 배우에게 실제로 했다는 위 조언을 듣고 나는 전류에 감전된 것처럼 온몸이 찌릿찌릿했다. 마치 나에게 해주는 격려처럼 들렸다. 나만 힘든 게 아니었구나……. 행사가 끝나고 집으로 가면서 올려다본 파란 가을 하늘이 눈이 시리도록 아름다웠다.

"거칠게 보아서 글쓰기에는 일기, 편지, 연애편지 세 단계가 있다. (중략) 편지(보고서) 단계는 맥락을 잘 이해하고 중요한 것들을 잘 드러내는 것으로 충분하다. 서로를 인정하고 동의하는 수준이면 된다. 그러나 연애편지는 다르다. 수신인을 감동시켜야 한다. 다루는 주제를 깊이 사랑해야 가능하다. 그러면 자연스럽게 사소한 것까지 알게 된다. 대상에 대한 넓고 깊은 이해를 넘어 통찰력이 필요한 것이다. 뿐만 아니라 수신인의 취향과 삶에 대한 태도에 대해서도 상당히 잘 알고 있어야 한다. 그래야 적절한 어법으로 잘 전달할 수 있을 테니까."

평소 좋아하는 강창래 작가의 〈위반하는 글쓰기 : 아마추어와 프로를 가르는 글쓰기 기술〉의 내용 중 일부이다. 강창래 작가는 결국 '글이 얼마나 일방적인가'라는 질문으로 글쓰기의 단계를 나눴다고 본다.

나도 안건 검토보고서나 짧은 보고자료를 작성할 때, 심지어 업무 관계자와 차를 마실 때도 내 표현이 상대방의 처지나 욕구와 무관한지 살피곤 한다. 똑같은 메시지라도 상대가 처한 상황에 맞게 표현하려고 노력한다. 단어나 표현을 사용하는 상대의 독특한 '맥락'을 알아차리려고 한다. 복잡하게 들리지만 내겐 전혀 어려운 일이 아니다. MBTI 성격유형이 대문자 F^{Feeling}라고 할 정도로 예민해서 그럴까. 단순히 남의 눈치를 본다는 뜻은 아니다.

일상에서 별문제 없이 소통하는 것 같지만 우리는 수많은 선입견과 고정관념에 사로잡힌 채 말하고 듣기를 반복한다. 특정인을 내 방식대로 단정한 경우도 부지기수다. 사람을 있는 그대로 보는 일이 여간 어려운 일이 아님을 깨달은 것이 내 나이 40대 후반쯤이었다.

이번 책이 남모르게 고군분투하는 전국 지방의회의 의원과 공무원들을 향한 나의 연애편지로 가닿을 수 있기를

　　　　　　　어쨌든 지방의회

바란다. 어딘가에서 힘든 당신처럼 나도 그랬다고 말이다.

최인아 대표의 말처럼 애쓰고 애쓴 시간은 내 안에 남아 있

다. 이제 연애편지의 마무리를 위해 마지막 문장을 적어야

한다.

지방의회는 풀꽃입니다.

어쨌든 지방의회

초판 1쇄 발행	2026년 3월 11일

지은이	이일우
펴낸이	최용범
편집	이원석
마케팅	강은선
디자인	박영정
관리	이영희
인쇄	디온피앤피

펴낸곳	**페이퍼로드** paperroad
출판등록	제 2024-000031호(2002년 8월 7일)
주소	서울시 관악구 보라매로5가길 7 1309호
이메일	book@paperroad.net
페이스북	www.facebook.com/paperroadbook
전화	(02)326-0328
팩스	(02)335-0334
ISBN	979-11-92376-68-4　(03300)